천국
3층천의
비밀

contents

01

어린 시절부터 소명을 받고
개척교회를 시작하기까지

02
1층천과 2층천,
3층천으로 이루어져 있는 천국의 법도

03
천국은 각자가 행한 대로 보상받는 공의로운 나라

천국
3층천의
비밀

영원한 3층천 천국에 참 소망을 두시길 바라며

저는 태어날 때 장애를 갖고 태어났습니다. 그러니까 저의 인생은 시작부터 고난이었고, 장성한 후 사역의 길을 걸어가면서도 여러 가지로 많은 고난을 겪었습니다.

고난 중에 저는 천국을 모두 열네 번 갔다 왔습니다. 영광스러운 천국 체험에 저의 의는 하나도 없었고, 오로지 하나님의 은혜로 천국을 체험했습니다. 보통 사람은 한 번도 체험하기 힘든 천국을 저는 열네 번이나 체험했습니다. 제 인생이 힘드니까 저를 위로하시고 소망을 주시기 위해서 열네 번이나 체험하게 하셨을까요? 일정 부분 그럴 수도 있겠지만, 하나님의 계획은 제가 생각하는 것보다 더 크고 원대하시다고 믿습니다.

제가 천국을 열네 번이나 체험했지만, 천국 간증 책을 출간할 생각은 전혀 하지 않았었습니다. 그러나 지금의 남편 노홍대(노아) 목사님이 처음으로 천국 간증집 출간을 제게 적극적으로 권유하시면서 이 책의 출간에 대한 계획이 구체화되었습니다. 그 후에 예수님께서도 이 종에게 책의 출간을 허락하시고 용기를 주셨습니다.

이 책의 초판에서는 3층천의 다이아몬드와 루비 지역을 구분해서 소개하지 못했습니다. 제가 이 책의 초판을 내고 나서 세 번 더 천국을 다녀오면서 이번에 출간하는 개정증보판에서는 그 지역에 대한 새로운 내용들을 추가할 수 있게 되었습니다.

이 책을 통해서 수많은 사람이 천국이 가상현실로서가 아니라 실제로 존재한다는 것을 믿게 되길 소망합니다. 보이는 이 세상이 전부가 아니고, 보이지 않는 영원한 세계가 있다는 것을 믿게 되길 원합니다. 죽음이 인생의 끝이 아니고 새로운 세계로 들어가는 출발이라는 것을 깨닫고, 육신의 죽음 후에 영원한 세계가 있다는 것을 믿게 되길 원합니다. 그래서 예수님께서 성경에서 말씀하신 천국 복음에 관심을 가지게 되길 원합니다.

나아가서 놀랍게도 천국에는 1층천, 2층천, 3층천이 있다는 것을 깨닫고 믿게 되길 원합니다. 이 책을 읽는 수많은 사람이 할 수만 있다면 정말 힘쓰고 애써 말씀대로 살아서, 아브라함과 사도 바울이 살고 있는 3층천 천국에 들어가게 되기를 소망합니다.

이 죄악이 가득하고 진정한 소망을 찾아볼 수 없는 이

세상에서 이 책이 한 줄기 빛이 될 수 있기를 소망합니다. 그래서 수많은 영혼들이 회개하고 예수님께 돌아오기를 소망합니다. 이 땅에서 소외되고, 외로움 속에서 고통받는 영혼들이 이 책으로 위로받고, 천국에 대한 소망을 갖게 되길 바랍니다. 이 땅에서 우리가 비록 가난하고, 병들고, 외롭게 살아도 예수 잘 믿으면 희망이 있다는 것을 이 책을 통해서 알게 되길 간절히 소원합니다.

물고기는 물속에 살아도 물에 빠져 죽지 않습니다. 우리 믿는 사람들은 죄악이 가득한 세상에 살지만, 죄에 빠져 죽는 것이 아니라 죄악이 넘치는 세상과 싸워 이기는 사람들입니다. 천국의 소망을 갖고 사는 믿음의 사람들은 죄와 싸워 이길 수 있습니다. 승리할 수 있습니다. 저의 체질과 성격과 심성을 다 아시는 주님이 저에게 지옥은 보여주시지 않았습니다. 이 또한 주님께 감사드립니다. 하나님은 이 책을 통해서 수많은 영혼들이 죄를 회개하고 하나님께로 돌아오기를 원하셔서 이 책의 출간을 허락해 주셨습니다. 모든 것을 하나님께 감사드리며, 모든 영광을 아버지 하나님과 내 구주 예수님께 올려 드립니다.

2020년 겨울 부천에서 서숙희 목사

우리가 모르는 천국의 실상에 대한 주옥같은 간증

믿지 않는 사람들은 물론이고, 또 일부 믿는 사람 중에도 천국의 존재를 부정하거나 확신을 갖지 못하는 것이 안타까운 이 시대의 현실입니다. 이러한 불신의 시대에 서숙희 목사님의 천국 증언집이 책으로 나오게 된 것을 진심으로 환영합니다.

이 책은 천국이 실제로 존재한다는 것을 생생하게 증언해 주는 귀하고 귀한 책이라 아니 할 수 없습니다. 서 목사님의 간증집에는 눈으로 직접 보지 않고, 귀로 직접 듣지 않고서는 증언할 수 없는 너무나 귀하고 가치 있는 천국에 대한 내용들이 고스란히 담겨 있습니다. 천국에는 1층천, 2층천, 3층천이 있다는 것이 참으로 놀랍고 대단합니다.

이 간증집이 나오지 않았다면, 천국에 있는 아브라함의 집이, 사도 바울의 집이 어떻게 생겼고, 무엇으로 지어져 있는지 우리가 어떻게 알겠습니까? 천국에 있는 성도들이 무엇을 하며 지내고 있는지 어떻게 알 수 있겠습니까?

우리가 천국에 간다면 그곳에서 어떤 모습을 하고 있을지 어떻게 알 수 있겠습니까? 천사들의 다양한 모습과 활동에 대해 우리가 어떻게 알 수 있겠습니까? 천국이 황금 보석의 나라라는 것을 어떻게 알 수 있겠습니까? 우리가 모르는 천국에 대한 주옥같은 내용들을 이 책에서 우리에게 잘 설명해주고, 또 잘 알려주고 있는 것에 감탄하고 감격할 뿐입니다.

부디 바라기는 많은 불신자들과 성도들이, 그리고 특히 주의 종들이 이 간증집을 읽고 천국이 실제로 존재한다는 것을 깨닫고, 어떤 사람은 믿음이 생기고, 어떤 사람은 믿음을 새롭게 하기를 바랍니다.

주의 종들은 복음 전파와 하나님 나라 확장을 위해 사도 바울처럼 죽도록 충성하기를 바랍니다. 신앙생활이 나태해진 성도가 있다면, 신앙생활에 신선한 활력을 불어넣는 전환점이 되기를 바랍니다. 그리하여 우리 모두 남은 생애에 주님을 위해 살겠다고, 죽도록 충성하겠다고 결단하는 계기가 될 수 있기를 바랍니다.

정요셉 목사 | 대한예수교장로회(초대총회) 총회장.

천국
3층천의
비밀

01

어린 시절부터 소명을 받고
개척교회를 시작하기까지

1장   불교와 무속 집안에서 태어났지만 유년 시절에 하나님을 만나다

저는 경북 영일군 오천면 청림리에서 1966년 8월에 태어났습니다. 날 때부터 저는 언어장애(안면지체장애)를 가지고 태어났습니다. 제가 태어날 당시에 아버지는 직업군인이셨는데, 성실하게 모범적으로 군대 생활을 하시며 집안을 잘 이끌고 계셨습니다. 어머니는 평범한 가정주부이셨지만 그 당시로서는 꽤 세련된 분이셨습니다.

제가 다섯 살 때 저희 집이 인천 부개동으로 이사를 했고, 저는 난생처음 동네에 있는 교회를 나갔는데, 그때 하나님의 음성이 들렸습니다. 하나님께서 어린 제게 "사랑하는 내 딸아!"라고 하는 음성을 들려주셨습니다. 그때 하나님의 음성을 듣고 난 후 하나님께 "아버지"라고 하는 단어를 처음으로 쓰기 시작했습니다. 지금 생각하면 저의 신앙생활은 그때부터 시작된 것 같습니다.

장애를 갖고도 성적이 좋았던 초등생 시절

저희 집안은 제가 어릴 때부터 불교와 무속을 믿었습니다. 친할머니 때부터 불교와 무속 집안이었습니다. 제가 어릴 때부터 친할머니는 집으로 무당을 불러 굿을 했고, 어머니도 그 영향을 받아서 무속 종교 생활을 하셨습니다. 집안의 이러한 무속 종교행위가 저를 고통스럽게 했고, 그로 인해 상처를 많이 받았습니다.

어머니는 제가 장애를 가졌다고 감싸주고 도와주는 그런 분이 아니셨습니다. 오히려 저를 냉정하게 대했고, 귀하게 여기지 않는 그런 분이셨습니다. 그러나 어머니의 그러한 태도 때문에 오히려 저는 어릴 때부터 강하게 자란 편이었습니다. 어머니와는 반대로 아버지는 마음이 따뜻한 분이셨고, 저를 사랑으로 감싸주셨습니다.

어머니는 장애가 있는 저에게는 별 관심이 없으셨던 반면, 제 남동생에 대해서는 지극한 관심과 애정을 갖고 키우셨습니다. 어머니는 거의 매일 집에서 굿을 하셨고, 그것이 저를 고통스럽게 했습니다.

집 위쪽에는 교회가 있었고, 집 아래쪽에는 절이 있었습니다. 어머니는 절을 다니셨고, 저는 교회를 다니며 하나님을 섬겼습니다. 어머니의 무속 신앙(샤머니즘) 때문에 저는 어머니에 대한 반감이 많았지만, 그러면서도 한편으로는 어머니와 아버지를 위해 하나님께 기도했습니다.

저는 인천에 있는 부개초등학교에 다녔는데, 초등학교 다닐 때부터 저는 머리가 좋은 편이었습니다. 장애가 있었기 때문에 저는 남보다 노력을 많이 했습니다. 초등학교 때 공부를 잘하는 편이었습니다.

성적이 나쁜 아이들보다는, 성적이 좋은 상위권 아이들과 비교적 친하게 지냈습니다. 그래서 저 스스로 장애를 가지고 있다는 것을 잘 느끼지 못했었고, 상위권 아이들 그룹에 속해 있으면서도 전반적으로는 같은 반 아이들과 잘 어울려 지낼 수 있었습니다.

구름 속에 계신 주님을 뵙고
두려움의 영에서 벗어난 청소년 시절

제가 중학교에 들어가면서부터 어머니는 절을 다니는 일과 잡신을 섬기는 일에 더욱더 열심을 내셨습니다. 그러나 저 또한 중학교 때 하나님께서 은혜를 많이 주셔서 이전보다 더 깊이 있는 신앙생활을 하게 되었습니다. 그래서 집안에 보이지 않는 영적 싸움이 심했습니다.

제가 중학교에 다닐 때 아버지가 동네 아줌마와 바람을 피우셨는데, 그로 인해 어머니가 술을 드시기 시작했습니다. 집안에 분란이 크게 일었고, 저도 아버지에 대한 반항심이 싹트면서 반감을 갖기 시작했습니다.

그러는 가운데서도 저는 하나님에 대한 경험을 많이 하게 되었습니다. 교회 휘장만 봐도 예수님이 와 계신 것이 보였습니다. 영적인 경험이 많아질수록 마귀는 저를 공격했고, 그럴수록 영적인 세계가 점점 더 많이 보이기 시작했습니다.

제가 중학교 때 잠깐 이단에 빠진 적이 있었는데, 그때 하나님께 대한 믿음이 이상하게도 식어져서 두렵게 하는 영이 저를 사로잡기 시작했습니다. 말로 표현하기 힘들 만큼 강하게 두려움의 영에 사로잡혀서 이불 속에 들어가 숨기도 했고, 부모님이 주무시는 이불 속에 들어가 숨은 적도 있었습니다. 심지어는 여름에도 두꺼운 이불을 뒤집어쓰고 잠을 자야 할 만큼 수개월 동안 두렵게 하는 영에 사로잡혀 있었습니다.

한 번은 차라리 기억이 없어졌으면 좋겠다는 생각에 하나님께 이렇게 부르짖어 외쳤습니다. "하나님, 저 더 이상 못 살겠어요. 차라리 기억상실증에라도 걸리게 해주세요!"

천국 3층천의 비밀

이 정도로 당시에 저는 이 문제로 너무나 큰 두려움에 빠져 있었고, 심지어 어떨 때는 달리는 차에 뛰어 들어가 죽었으면 좋겠다는 생각이 들기도 했습니다. 하나님께 이대로는 더 이상 못 살겠으니 살려달라고 계속 기도했습니다.

그때 중요한 사건이 하나 터졌습니다. 어느 날, 학교 수업 중에 창밖을 보니, 예수님의 재림 장면을 담은 성화에서 흔히 묘사되듯이 예수님이 구름을 타고 재림하시는 것 같은 광경이 펼쳐지는 가운데 달걀 모양의 구름 속에 예수님의 모습이 보였습니다. 구름이 쫙 뻗어 있는데, 제가 그것을 바라보는 순간 예수님의 눈과 저의 눈이 딱 마주쳤습니다. 바로 그 순간, 제 속의 두려움의 영이 일시에 사라지는 것을 느꼈습니다.

그날 방과 후 집으로 가는 길에 쫙 뻗어 있는 구름들이 우리 집까지 펼쳐져 있는 것을 보았습니다. 그 사건 이후 두렵게 하는 영이 완전히 사라져 버렸습니다. 참으로 놀라운 사건이었습니다. 그날 이후로 저는 편안하게 학교에 다닐 수 있게 되었습니다. 고등학교를 졸업한 후 교회 대학부에 들어갔지만, 일반 대학으로 진학하지는 않았습니다.

2장 기도에 열심 내던 청년 시절, 꿈에서 예수님이 열국의 어미로 삼겠다고 말씀하시다

교회 대학부에 들어간 이후 저는 좀 더 깊이 있는 영적 생활을 하기 시작했고, 본격적으로 열심히 신앙생활을 했습니다. 그때부터 여기저기 부흥회도 쫓아다니는 등 깊이 있는 영적 생활을 시작하게 되었습니다.

교회에서 대학부를 마치고 27세의 청년이 되었을 때부터 하나님께서는 제게 신학을 권유하셨습니다. 그런데 제가 불순종하여 미용실도 잠깐 다니고, 공장에도 잠깐 다니고, 등공예도 배우는 등 하나님의 뜻을 따르지 않았습니다. 집안이 비교적 부유한 편이어서, 제가 돈을 많이 벌지 않아도 어려움이 없는 상황이었지만, 저는 장애를 극복하려고 열심히 살았습니다.

큰 교회만 다니다가 개척교회로 이끌림 받다

그러다가 1996년에 저는 아세아연합신학대학의 유아교육학과에 입학하게 되었습니다. 유아교육 과정을 마친 후 어린이집 교사로서 사회에 첫발을 내딛게 되었습니다. 그런데 그때부터 하나님께서 저를 가만히 놔두시지 않았습니다. 이것저것 하게 하시더니 결국 개척교회로 끌어내셨습니다.

큰 교회만 다니던 제가 개척교회에 나가게 되니까 주위 사람들이 신학을 하라고 권유하기 시작했습니다. 그러나 저는 제가 장애인인데 어떻게 신학을 하냐며 줄곧 거절했습니다.

그러던 중 어느 날 밤에 꿈을 꾸었습니다. 그 꿈에 내 머리를 누르는 영들이 있어서 매우 고통스러웠습니다. 그 후 하나님께서는 제게 능력 있는 종을 만나게 하시려고 20여 평쯤 되는 작은 개척교회로 저를 보내셨습니다.

그런데 그 교회는 성도는 별로 없고 전도사가 세 분 계셨는데, 그분들의 기도의 능력이 대단했습니다. 그들이 제 머리에 손을 얹고 기도하자 제 머리의 고통이 사라졌고, 하나님께서 주시는 사명의 길을 걷고자 하는 뜨거운 마음이 생겼습니다.

그 이후 하나님께서는 고통 가운데서도 저의 여러 환경을 주관하시고 인도하셔서 제가 신학교에 들어가는 일에 순종할 수 있도록 강권하셨습니다. 하나님께서 저를 계속 훈련시키셨는데, 밤새 기도하게 하셨고, 잠을 안 자게 하셨고, 기도생활이 체질화되게 하셨습니다. 낮에는 죽은 듯이 잠을 잤습니다.

이렇게 제 삶에 기도가 체질화되자 하나님께서 제게 능력을 많이 부어주셨습니다. 그런데도 저는 이런 생활이 싫다면서 때로는 도망을 다니기도 했습니다. 영적 훈련과 영적인 생활이 체질화되는 게 싫었지만, 나도 모르게 서서히 기도의 능력자로 변화되어가고 있었습니다.

기도 안 하면 안 되는 체질로 완전히 바꾸시다

한 번은 꿈을 꾸었습니다. 어느 날 개척교회에서 새벽 4시까지 기도하다가 잠깐 눈을 붙였는데, 예수님이 제게 오신 것이었습니다. 예수님이 저를 "딸아!"라고 부르시면서 "내가 너를 열방의 어미로 만들 것이다. 내가 너를 많은 민족의 어미로 만들 것이다. 내가 너를 종들의 어미로 만들 것이다."라고 말씀하셨습니다.

저는 그때 예수님께 이렇게 항변했습니다. "예수님, 저는 안 해요, 저는 못 해요. 그런 엄청난 일을 제가 어떻게 해요? 제가 장애인인 것 예수님이 아시잖아요. 저는 안 해요, 저는 못 해요." 저는 야곱처럼 싸웠습니다. 환도뼈가 부러지듯이 예수님과 싸웠습니다. 나는 그런 거 못 하니까 바꾸어 달라고 투정하고 조르다가 잠에서 깼습니다.

예수님이 제게 권유하신 것은 열방의 어머니, 많은 민족들의 어머니, 종들의 어머니가 되라고 하신 것이었습니다. 꿈을 꾸고 난 후 기분이 묘했습니다. 어디 가서 누구한테 얘기하기도 힘들었습니다.

혼자 고민하다가 제가 다니는 교회의 사모님께 얘기했습니다. 사모님은 떠벌리는 성격이 아니셨고, 또 이래라저래라 하는 스타일도 아니셨습니다. 조용히 기도만 하는 분이셨는데, 제 얘기를 다 들으신 후 묵묵히 기도만 하자고 하셨습니다.

그러나 저는 답답했습니다. 어떻게 해야 할지 몰라서 예수님이 말한 것을 잊어버리려고 애를 썼습니다. 제가 꾼 꿈에 대해서 잊어버리려고 애를 썼습니다. 그런데도 문득문득 생각이 나는 것이었습니다.

그 이후로 저의 체질이 완전히 바뀌어 버렸습니다. 기도 안 하면 안 되고, 철야 안 하면 안 되는 체질로 바뀌어 버렸습니다. 제 눈에 능력이 들어가서 귀신들이 벌벌 떠는 모습이 보이기도 했습니다.

그 당시 제가 다니던 교회는 악한 영들과 밤새 싸우는 그런 교회였습니다. 그 당시 그 교회 권사님의 아들인 한 고등학생이 교회에 다니면서 영안이 열려 마귀와 귀신들을 보게 되어 그들과 영적 전쟁을 치열하게 벌이는 능력을 받기도 했습니다.

그 당시 제가 다니던 교회는 능력이 강한 교회였습니다. 전도사가 안수를 하면, 사람들이 살을 뚫고 들어오는 아픔을 느끼면서 그로 인해 그들 속에 있던 악한 영들이 떠나가는 그런 역사가 일어났습니다. 제가 그 교회를 떠나게 되면서 1998년 봄에 남편을 만나게 되었습니다.

3장 / 알코올 중독자, 정신질환자 남편을 통해 경험한 불같은 시험

저는 29세에 아세아연합신학대에 들어갔는데, 입학한 지 2년째 되던 날 남편을 만났습니다. 약국을 경영하시는 어느 집사님의 소개로 처음 만났는데, 평범한 사람이었지만 착하게 생긴 얼굴이 마음에 들어 교제를 시작하게 되었습니다. 남편은 저를 만나자마자 좋아했습니다. 남편이 저를 귀하게 본 이유는 제가 신학교를 다니고 있었기 때문입니다.

심성은 착했지만 상처가 많았던 남편과의 살벌한 영적 전쟁

남편은 많이 배우지 못한 사람이었습니다. 원래 성격은 불같았는데, 하나님께서 남편의 성격을 점차로 많이 바꿔놓았습니다. 저희 집안에서는 부모님과 동생이 다 저와 남편과의 결혼을 적극적으로 반대했습니다. 남편과 결혼할 때만 해도 남편에게 병이 있다는 것을 집안 식구들은 몰랐습니다.

표면적으로는 술이 가장 큰 문제였습니다. 남편은 저를 만날 당시에 인생의 가장 낮은 밑바닥에 있었고, 알코올 중독자였습니다. 그런데 하나님은 제가 그런 사람을 만나게 하셨습니다.

지금 생각해보면 제가 남편과 같은 사람을 만나 교제했던 것은 사랑이었다기보다는, 술 먹고 담배 피우고, 인생의 밑바닥에 있는 그 사람이 너무 불쌍해서 연민 때문이었던 것 같습니다.

남편은 정신적으로 건강하지 못했고, 폐결핵을 앓고 있었습니다. 한마디로 엄청난 고통 중에 있었던 데다 여자만 보면 공격하는 좀 괴팍한 면도 지니고 있었던 사람이었습니다.

어릴 때 남편의 어머니가 아버지의 폭력을 못 이겨 도망을 갔는데, 그렇게 도망가버린 어머니에 대한 증오 때문에 여자만 보면 공격하는 일종의 정신질환자가 되어 있었던 것입니다.

천국 3층천의 비밀

그런 사람이었던 남편과 결혼해서 함께 살면서부터 제게는 엄청난 영적 전쟁이 시작되었습니다. 남편은 본래 심성은 착한 사람이었습니다. 그러나 상처가 많아서 밤만 되면 술을 먹고, 저를 가만 놔두지 않고 못살게 굴면서 제게 욕을 퍼붓곤 했습니다. 그래서 제게 주신 영적인 능력을 사용해 남편을 대적하면 남편이 마귀로 돌변하는 바람에 저는 밤새 마귀와 싸워야 했습니다.

남편 속에 있는 악한 영이 제게 악한 말도 던지면서 별의별 짓을 다하곤 했습니다. 영적인 이상한 말들을 내뱉으며 저를 괴롭혀서 남편과 대적하여 싸우다 보면, 어느새 남편이 제정신으로 돌아와서는 언제 그랬느냐는 식이 되곤 했습니다.

때때로 남편은 칼로 자기 몸을 자해하며 마구 그어 대서 몸에 칼자국이 많이 나 있었습니다. 몸에 난 칼자국을 보면 정말 살벌하고 무서웠습니다.

남편으로 인한 고난에 신학대 중도 포기하기까지

남편과의 계속되는 전쟁이 너무 힘들어서 저는 다니던 아세아연합신학대를 그만두었습니다. 신학대에 다니면서부터 시작된 고난이 제게는 정말 견디기가 너무 힘들었습니다.

밤마다 남편과 그런 전쟁을 하게 되니까, 저는 견디기가 너무 힘들어 집 밖으로 도망을 치곤 했습니다. 한참 도망가다 보면, 하나님께서 제 마음이 다시 집으로 돌아오게 만드셨습니다. 남편을 불쌍히 여기는 마음을 주셔서 다시 집으로 돌아오곤 했습니다.

저는 미친 사람이나 할 행동을 계속하는 남편이 너무 싫었습니다. 그 당시 저는 남편에 대해 밉고 싫은 마음뿐이었습니다. 그러나 하나님은 그 영혼을 불쌍히 여기라고 하셨습니다. 부부가 서로 사랑하며 살아야 하는데, 저는 남편이 불쌍해서 같이 살았습니다. 남편을 생각하면 그 영혼이 참 불쌍했습니다.

한 번은 꿈에 남편의 모습을 보여주셨는데, 얼굴은 남편이었지만 몸은 용이었습니다. 그런데 용이 작은 쥐로 바뀌고, 나중에는 쥐새끼가 되어서 도망가는 꿈이었습니다. 결국은 제가 남편을 이겼다는 것을 보여주는 꿈이었습니다.

남편은 술을 먹기 시작하면 안주 없이 일주일 동안 술만 먹고, 그다음 일주일 동안은 토하면서 누워만 있었습니다. 남편은 몇 년 동안을 그렇게 살았는데, 제게는 그것이 바로 지옥과도 같은 생활이었습니다.

남편이라는 사람이 일주일 동안 계속 술만 먹고, 그다음 일주일은 아파서 누워 있었으니 돈을 벌 수가 없었습니다. 그래서 저희 가정은 계속 경제적인 어려움에 시달릴 수밖에 없었습니다.

부부싸움이 날마다 계속되다 보니 집주인이 저희 부부를 싫어하게 되었고, 동네 사람들 보기에도 창피하다고 해서 저희 부부는 결국 월세로 살던 집에서 쫓겨나게 되었습니다. 그때 저는 너무 절망스러웠고, 남편과 함께 사는 것 자체가 지긋지긋했습니다.

그렇게 월세 집에서 내쫓긴 후 어느 기도원으로 갔습니다. 기도원에 짐을 맡기고 남편은 한 달 정도 기도원에 기거했습니다. 그리고 나서 경기도의 어느 기도원에 남편을 두 달 동안 가두어 두다시피 한 적이 있습니다.

그런데 놀랍게도 그 기도원에서 남편이 성령의 은사를 받게 되었습니다. 투시가 열리고, 여러 은사를 받는 등 영적인 체험을 하면서 성령의 은사가 강한 능력자가 되었습니다.

놀라운 하나님의 역사였습니다. 그 기도원에서 처음

에는 소란을 피우며 영적 싸움을 일으키다가 나중에는 남편이 성령의 은사와 능력을 받게 된 것입니다. 그 후에 어느 개척교회에서 두 달 정도 있다가 남편이 또 능력을 받았는데, 저보다 더 큰 능력을 받아서 입장이 서로 뒤바뀔 정도가 되었습니다.

4장 가정에서 시작된 개척교회, 치유의 은사를 받다

　　몸과 마음이 성치 못했던 남편과의 사이에서 엎치락뒤치락하며 경험한 시험과 영적 전쟁의 와중에 하나님께서는 제가 교회를 개척하도록 인도하셨습니다. 남편은 교회 개척을 탐탁지 않게 여겼지만, 당시에 돈이 없었기 때문에 친정어머니 집에 들어가 가정예배를 드리며 교회 개척을 시작했습니다.

　그전까지 저는 제가 참석하는 개척교회마다 부흥이 일어나는 것을 경험했습니다. 모두 다섯 군데의 개척교회를 다녔는데, 그 교회들이 다 부흥되어서 집도 사고 교회 건물도 사서 이전하는 걸 보았습니다.

　친정어머니 집에서 개척교회 예배를 시작할 때 하나님께서 저에게 병 고치는 능력을 주셔서 집안 식구들의 병을 치유하게 하셨습니다. 병 고침의 역사를 보고 어머니와 아버지가 하나님께로 돌아오셨습니다.

그 후에 제 남동생이 불의의 사고로 3도 화상을 입고 는 거의 죽을 뻔했던 지경에서 살아나는 기적을 체험했 지만, 그 당시에 입었던 큰마음의 상처로 인해 동생은 아직까지 하나님께로 돌아오지 않고 있습니다.

어린이, 노숙자, 정신질환자들을 섬겼던 초창기 개척목회

하나님은 저에게 점점 더 큰 능력을 주셔서 저를 사용 하셨고, 점차 지경을 넓히며 병을 고치게 하셨습니다. 그러나 대부분은 가족과 친척을 대상으로 한 치유 사역 이었습니다. 그 후에 췌장암 환자를 치유한 적이 있습니 다. 췌장암은 치료하기가 매우 어려운 암으로 생존율이 5퍼센트 미만이고, 생존하더라도 3-4년밖에 못 사는 무서운 병입니다.

그런데 그런 난치암에 걸린 환자가 저를 통해 치유의 역사를 경험하게 된 것입니다. 그래서 그 환자의 딸이 200만 원을 헌금하고, 가정교회를 개척한 지 한 달 만 에 십일조가 30만 원 정도 들어오는 등 물질을 조금씩 열어주셨습니다. 그때 들어온 헌금 200만 원으로 친정어머니 집을 떠나 인천 부개동에 있는 연립주택 2층집을 얻어 개척교회를 시작했습니다.

하루는 남편이 아직 밖에서 안 들어온 가운데 저 혼자 교회에서 기도하다가 꿈을 꾸었습니다. 꿈에 어려서부터 영적인 훈련을 많이 받은 제 딸과 제가 하얀 드레스를 입고 있었는데, 그 드레스에는 흰색 다이아몬드가 박혀 있었습니다. 딸과 저는 뒤도 안 돌아보고 앞만 보고 가는데, 남편이 뒤늦게 따라오는 꿈을 꾸면서 개척이 시작되었습니다.

그때 새롭게 얻은 그 연립주택이 제법 컸기 때문에 칸막이를 쳐서 한쪽 공간을 교회 예배당으로 사용했습니다. 그런데 교회가 집이다 보니까 성도는 없었지만, 전도사님 한 분이 동역자로 참여해주셔서 큰 도움이 되었고, 그런대로 유지할 수가 있었습니다.

그러나 가정교회이다 보니 남편은 마음으로는 함께하지 못했고, 주일이 되면 다른 교회에 가서 예배를 드리곤 했습니다. 어떨 때는 제가 한쪽에서 예배를 드리는데, 그 예배시간에 남편은 옆에서 잠을 자기도 해서 때로 제가 화를 내고 큰소리가 나기도 했습니다. 그렇게 개척교회를 섬기면서도 저희 부부는 하나가 되지를 못했습니다.

제가 남편 때문에 받는 고통이 극심할 즈음 하나님께서 남편을 병으로 치셔서 죽음 직전에 이르게 하신 적이 있습니다. 그때 남편이 하나님 앞에 회개를 경험하게 되었던지 그런 일이 있은 후 남편이 감추어 놓았던 200만 원을 내놓았습니다.

그 200만 원으로 교회를 얻어야 한다는 응답을 받고, 인천의 부개동에 있는 한 건물 2층에 20여 평 규모의 공간을 빌려 광명교회를 시작했습니다. 그러나 그 당시에 남편은 건강이 더욱 악화되어 호흡기를 꽂아야 숨을 쉴 수 있는 지경에까지 이르게 되었습니다.

그런 와중에도 하나님께서는 그 광명교회에서 제게 특별한 사명을 주셨는데, 그 교회로 보내주시는 어린이들과 노숙자, 정신질환자들을 섬기는 일이었습니다. 부모가 돌볼 수 없는 형편의 어린아이들이 방과 후에 교회로 와서 식사도 하고, 밤늦게까지 놀다가 갔습니다.

그러나 남편은 집에서 호흡기를 꽂고 중병으로 앓아 누워 있었고, 재정이 없는 상황이어서 노숙자, 정신질환자들을 돌보는 사역이 결코 쉽지는 않았습니다. 그렇게 힘든 형편 가운데서 약 2년 정도 광명교회를 섬겼지만, 노숙자와 정신질환자들로 인해 너무 많은 스트레스와 고통을 겪어야 했습니다.

그래서 친정어머니 집으로 가서 잠깐 휴식의 시간을 가지려 했습니다. 그러나 부녀지간에 영적인 권위를 세우기가 어려웠던 탓인지 결국 진정한 영적 휴식을 누리지는 못했습니다.

장애인 엄마 목사를 자랑스러워하는 믿음의 딸 예림이

그렇게 힘든 시간들을 보내고 있다가 한번은 제가 어느 개척 기도원을 찾아 들어가게 되었습니다. 한 여자 목사님이 그 개척 기도원을 섬기고 계셨는데, 영적으로 엄청나게 강한 분이셨습니다. 목사님이 영적으로 강한 분이시다 보니 술주정꾼이나 정신질환자, 장애인들 같은 형편이 어려운 사람들이 찾아왔습니다.

그 목사님이 제가 너무 힘들게, 그러나 열심히 사역해 온 사정을 들으시더니 저를 좋게 보시고는 저에게 신학교에 다시 들어가라고 권면해주셨습니다. 그런데 저는 엄두가 안 났습니다. 그때 아이도 임신한 상태였고, 무엇보다 남편으로 인해 심한 고통을 받고 있었기 때문입니다. 그래도 결과적으로 그 기도원에서 강한 영적 훈련을 받을 수 있었습니다.

그 기도원은 부흥회를 자주 하는 기도원이었습니다. 제가 딸 예림이를 낳은 후 아기를 데리고 부흥회에 참여해 왔다 갔다 하면, 목사님들이 아기를 보시고는 한마디씩 하셨습니다. 예림이는 특별한 아이니까 잘 키우라고 하셨습니다. 그리고 예림이를 위해 특별히 기도를 해주시곤 했습니다.

저는 예림이를 임신했을 때 제대로 태교를 할 수가 없었습니다. 거의 매일 남편과 싸웠기 때문에 태교 같은 것은 꿈도 꾸지 못했습니다. 아이를 임신했는데도 남편은 매일 밤 술을 마시고는 저를 엄청나게 힘들게 했습니다. 그래서 태교를 할 마음의 여유가 전혀 없었고, 실제로 태교를 할 수도 없었습니다.

그런 와중에서도 제가 딱 한 가지 잘한 게 있었는데, 저는 뱃속의 아기에게 항상 찬양을 들려주었습니다. 돌아보면 그게 아기에게 태교가 되었던 것 같습니다. 그래서인지 아이가 아빠의 안 좋은 성품을 하나도 닮지 않았습니다. 겉으로는 아빠를 닮은 모습이 있기는 한데, 성품은 아빠를 전혀 닮지 않았습니다.

예림이를 낳고 돌이 지나서 아이를 데리고 기도원에

가면 목사님들이 예림이를 많이 이뻐해 주시면서 축복의 말을 해주시고 기도를 많이 해주셔서 그런지 딸 예림이의 성품이 얼마나 좋은지 모릅니다.

보통 아이들하고는 다릅니다. 제 생각에는 목사님들의 기도 덕분에 아이의 성품이 좋은 쪽으로 걸러진 것이 아닌가 싶습니다. 뱃속에서 찬양으로 한 번 걸러지고, 태어나서는 목사님들의 기도로 또 한 번 걸러졌다는 생각이 듭니다.

저의 딸 예림이는 엄마가 장애인인데도 엄마를 전혀 창피해하지 않습니다. 대부분의 아이들은 엄마가 장애를 갖고 있으면 엄마를 창피스럽게 생각하고, 엄마가 자기가 다니는 학교에 오는 것을 싫어합니다. 그런데 예림이는 그런 모습이 전혀 없습니다. 오히려 엄마를 자랑스럽게 여깁니다.

그리고 엄마가 주의 일을 하는 사역자인 것을 굉장히 훌륭하게 봐줍니다. 저의 딸은 엄마를 제일 훌륭한 사람으로 보는 아주 아름다운 성품을 가지고 있습니다. 그래서 저는 너무 행복합니다. 그 아이를 보면 너무너무 행복합니다.

제 딸이어서가 아니라 그러한 딸의 아름다운 성품 때

문에 너무 행복한 겁니다. 하나님께서 제 딸에게 특별히 훌륭한 성품을 주셨다고 믿습니다. 그래서 하나님께 감사합니다.

예수님이 제 딸에게 예림이라는 이름을 주셨습니다. '예림'이란 이름은 '예수님의 재림을 기다리는 아이'라는 뜻을 갖고 있습니다. 저는 부족하고 연약한 엄마인데도 제 딸은 저를 훌륭한 엄마, 기도하는 엄마로 보니까 저는 너무너무 행복합니다.

제 형편이 어려워서 예림이가 할머니의 손에서 많이 자랐지만, 그 아이는 제가 항상 기도로 영적으로 키웠다고 자부합니다. 예림이가 어릴 때부터 친정어머니 집에서 컸지만, 초등학교 6학년에 올라갈 무렵에는 제가 딸아이를 저의 집으로 데려왔습니다.

사춘기에 들어선 예림이를 친정어머니가 계속 키우는 건 한계가 있을 것 같았습니다. 마침 제가 제 딸을 직접 키우고 싶은 마음도 있었는데, 딸도 그때쯤부터 엄마인 저를 많이 찾고 해서 집으로 데려와 함께 살았습니다.

천국 3층천의 비밀

혹독한 물질의 시험을 겪은 피어선신학교 시절

제가 개척 기도원에 찾아갔을 때 제게 신학교에 들어가라고 하신 여자 목사님의 권유에 따라 마침내 저는 피어선신학교에 들어가게 되었습니다. 그 신학교에 입학하자 학장님께서 저에게 "전도사님은 절대로 신학을 포기하면 안 된다"라고 말씀하셨습니다.

하나님께서 택한 종이기 때문에 포기하면 안 된다는 것이었습니다. 그 당시에도 집안 형편이 무척 어려웠지만, 신학교에서 여러 가지 혜택을 주셔서 학업을 이어가는 데는 큰 어려움 없이 지속적인 도움을 받을 수 있었습니다.

그리고 친정어머니가 구청에 찾아가서 저의 어려운 사정을 호소해서, 구청의 도움으로 기본적인 생활은 할 수 있었지만, 돈이 없으니 가정 형편은 여전히 어려웠습니다. 남편이 계속 병든 상태로 지내다 보니 가족을 위해 돈을 벌 수가 없었기 때문입니다.

제가 피어선신학교에 들어가고 나서부터 하나님께서 제게 물질의 훈련을 강하게 시키셨습니다. 당장 돈이 없으니까 너무 힘들어 기도를 할 수밖에 없었습니다. 그런데 하나님께 기도하면 돈이 생겼습니다. 많은 돈은 아니었지만 쓸 만큼만 딱 주시는 것이었습니다. 그러다가 돈이 떨어지면 또 기도를 할 수밖에 없었습니다.

등록금처럼 신학교에 들어가는 돈은 학장님이 해결해 주셨지만, 가계를 꾸릴 생활비가 없어서 전전긍긍했었습니다. 제가 너무 힘들어 하니까 과대표가 생활비를 준 적도 있습니다. 그렇게 피어선신학교에 들어가면서부터 혹독한 물질 훈련을 받았던 것 같습니다.

신학교에서는 대부분의 학생들이 일을 해서 돈을 벌어가며 풍족한 가운데 학교를 다녔습니다. 그런데 저는 돈이 없어 너무 힘들고 어려웠습니다. 점심도 주로 다른 사람이 사주는 것을 얻어먹었습니다. 한마디로 춥고 배고팠습니다.

그래서 저에게 신학교에 들어가라고 한 그 여자 목사님을 많이 원망하기도 했습니다. 한창 유행했던 말로 '내가 이러려고 신학교에 왔나?' 하는 생각이 들 정도였습니다.

그런데 지금 돌아보면 그때 저와 같이 신학교에 다니던 동기생들 중 지금까지 목회하는 사람은 저 하나밖에 없습니다. 졸업할 때 일부 탈락한 사람이 있기는 하지

천국 3층천의 비밀

만, 수십 명의 동기생들 중에 지금 저 하나만 목회를 하고 있습니다.

다른 동기생 목사님들은 다 돈을 벌려고 목회를 그만두고 다른 일들을 하고 있는데, 저만 목회를 하고 있는 겁니다. 영적으로 특별한 하나님의 은혜를 입지 않고는 불가능한 일이라고 믿습니다.

신학교를 졸업할 무렵 마침내 하나님의 말씀이 열리다

피어선신학교를 졸업할 무렵에 저에게 하나님의 말씀이 열렸습니다. 설교할 때 다른 사람들은 성경을 읽고 적고 그랬는데, 저는 남들처럼 그렇게 하지 않았습니다. 저는 하나님께서 가르쳐 주시는 대로 설교했습니다. 성령님께서 제가 어떻게 설교해야 할지를 인도해주셔서 하나님의 말씀이 기억나고 생각나게 하셨습니다. 교수님들이 깜짝깜짝 놀라실 정도였습니다.

우리 과 신학생들이 졸업 설교를 할 때였습니다. 다른 사람들은 대부분 예화를 들고 간증을 하고 그랬는데, 저는 말씀으로만 설교를 했습니다. 그렇게 제게 하나님의 말씀이 열리고 말씀의 은사가 임했습니다.

제게 말씀이 열린 것을 보고 동기생들과 교수님들이 다 놀라는 것이었습니다. 저는 2006년에 우수한 성적으로 피어선신학교를 졸업할 수 있었습니다. 전적인 하나님의 은혜였습니다.

하나님께서 계속 배움의 길을 열어주셔서 저는 2007년에 일반대학원인 피어선 대학원에 또 들어갔습니다. 신학 공부를 더 하고 싶어서 다시 도전했습니다. 하나님은 돈 없이도 학업을 계속할 수 있도록 예비하셨습니다. 2010년에 이 학교를 졸업했습니다.

사실 하나님께서 제 뜻과는 좀 다르게 배움의 길을 계속 열어주셨습니다. 공부하는 과정이 너무 힘들고 어려우니까 공부하기가 싫어졌는데도 하나님께서 계속 제가 공부할 수 있도록 인도하셨습니다.

제가 신학교에 다니는 동안에도 남편은 여전히 계속 밤마다 술을 마셨습니다. 그러나 저는 신학교에 다니면서 하나님의 은혜 가운데 점점 더 큰 능력을 받게 되면서 인천 부개동에 있는 영성교회(지금의 예수님의교회)를 얻어 담임 전도사 생활을 시작했습니다. 이 교회에서 전도사, 강도사를 거쳐 목사로서 지금까지 목회를 해오고 있습니다.

매일 술을 마시고 병들어 아파하던 남편이었지만, 이따금 목회에 도움을 주기도 했습니다. 2010년 10월에 제가 목사 안수를 받을 때는 제게 100만 원을 선뜻 내주었고, 목사 안수를 받은 후 영성교회 목회를 감당하고 있을 때도 남편이 적잖은 도움을 주었습니다.

주의 종을 알아보는 영안이 열리면서
마침내 천국 체험도 열리다

제가 처음 교회를 개척했을 때, 저는 가정에서부터 시작했습니다. 그런데 사람들이 가정에서 개척한 분들을 좀 우습게 보는 경향이 있는데, 저는 가정에서 개척한 목회자들을 가볍게 여기지 않습니다. 오히려 저는 그분들을 도우러 다녔습니다. 그분들의 힘이 되어주려 했고, 함께 예배드리면서 도움이 되어드리고자 했습니다.

가정에서부터 목회를 시작하면 많은 훈련과 연단을 받게 됩니다. 그런 훈련과 연단을 잘 통과하게 되면 하나님께서 목회의 길을 제대로 열어주십니다. 훈련받지 않고 연단 받는 과정도 없이 자기 고집과 뜻대로 하다

보면 나중에 목회가 힘들어질 수 있습니다.

저는 신학교 전도사 시절부터 가정에서 목회를 시작했습니다. 그런데 가정 목회는 어려움이 많았습니다. 성도들이 대부분 식구들이다 보니, 식구들은 일단 가정교회 사역자를 목회자로 보기보다는 내 딸, 내 엄마, 내 아내, 내 며느리로 보는 것이 일반화되어 있습니다.

그래서 목회자의 영적 권위를 세우는 것이 참 어려웠습니다. 물론 목회를 권위만 가지고 하는 것은 아니지만, 어느 정도의 영적 권위가 세워져야 하는 것도 분명한 사실이니까요.

물론 가정에서 시작된 개척교회의 가정적인 분위기는 참 좋습니다. 다만 목회자의 권위가 세워지지 않아 훈련을 진행하기가 어렵다는 단점이 있습니다. 성도들이 개척교회 목사를 존중히 여기질 않고, 목사의 수준을 낮게 보니까 훈련 자체가 어렵고, 훈련받다가 중도에 포기하고 나가는 분들도 많았습니다. 이런 부분이 무척 힘들었던 것 같습니다.

하나님께서는 제가 섬기던 영성교회에 들어오는 종들을 다 주의 종으로 섬기고, 주의 종으로 세우라는 특별한 사명을 제게 주셨습니다. 예수님께서 제게 주의 종을 알아볼 수 있는 영안을 열어 주셨습니다.

그 교회에 주의 종, 노숙자, 장애인, 폭력배 등 많은 영혼들이 다녀갔습니다. 제게 그들을 주의 종으로 알아보는 영안을 열어주신 하나님께서 그들이 다 주의 종이라며 그들을 섬기라고 하셨습니다.

그런 일들을 하는 가운데 20명 정도의 성도들이 모였고, 그들을 섬기며 나름대로 재미있게 목회를 했습니다. 그러나 교회의 예배당이 지하에 자리해 있다 보니 병든 남편에게는 환경 자체가 아주 안 좋았습니다. 호흡기 질환을 앓고 있던 남편에게 지하는 독이었습니다. 그렇게 개척교회 목회를 2년 정도 하던 중에 드디어 저는 천국을 방문하는 체험을 하게 되었습니다.

천국
3층천의
비밀

02

1층천과 2층천, 3층천으로
이루어져 있는 천국의 법도

1장

죽기 직전에 예수님을 믿어 상급이 없는 사람들이 가는 1층천 체험기

"내 아버지 집에 거할 곳이 많도다. 그렇지 않으면 너희에게 일렀으리라. 내가 너희를 위하여 거처를 예비하러 가노니 가서 너희를 위하여 거처를 예비하면 내가 다시 와서 너희를 내게로 영접하여 나 있는 곳에 너희도 있게 하리라"(요 14:2-3).

"모든 눈물을 그 눈에서 닦아 주시니 다시는 사망이 없고 애통하는 것이나 곡하는 것이나 아픈 것이 다시 있지 아니하리니 처음 것들이 다 지나갔음이러라"(계 21:4).

"그 열두 문은 열두 진주니 각 문마다 한 개의 진주로 되어 있고 성의 길은 맑은 유리 같은 정금이더라"(계 21:21).

기도하다 영이 빠져나오는 체험중에
탈바가지들을 쓴 성도들을 보다

2006년 가을 무렵, 부천에 있는 한 개척교회에서 저녁에 기도하던 중 제 영이 몸에서 빠져나와서 나를 보고, 그 교회 사람들을 영적으로 보게 된 적이 있습니다. 그 교회의 모든 사람들이 얼굴에 탈바가지를 쓰고 있는 모습이 보였습니다.

모든 사람이 호랑이나 사자, 여우, 호박 귀신 같은 동물 모양의 탈바가지를 쓰고 있었습니다. 심지어 어떤 사람은 돼지 모양의 탈바가지를 쓰고 있기도 했는데, 정말 희한한 일이었습니다.

그 교회의 사모는 평소의 언행이 여우 같았는데, 아니나 다를까 여우 모양의 탈바가지를 쓰고 있었고, 목사님은 사자 모양의 탈바가지를 쓰고 있었습니다. 사자는 돈 욕심이 많은 사람을 상징한다고 하는데, 나중에 그 목사님은 돈 문제 때문에 돌아가시게 되었다고 들었습니다.

그날 그렇게 한 교회의 목사와 사모, 교인들이 한결같이 다 탈바가지를 쓰고 있는 모습을 보고, 제가 예수님께 도대체 이게 뭐냐고 물었습니다. 예수님이 "그게 사

천국 3층천의 비밀

람들이란다"라고 말씀하셨습니다.

탈바가지들이 다 사람들인데 회개하지 않으면 지옥 백성이 된다고 하시는 말씀에 저는 깜짝 놀랐습니다. 그러고 나서 제 영이 다시 제 몸으로 들어왔는데, 그때부터 사람들이 어떤 탈바가지를 쓰고 있는가 하는 것이 영안으로 보이기 시작했습니다.

사람들이 탈바가지를 쓰고 있는 모습이 계속 보이는 게 너무 힘들어서 "하나님, 탈바가지가 안 보이게 해주세요"라고 기도했습니다. 영적으로 탈바가지를 쓴 모습이 너무 많이 보이니까 그로 인해 제가 괴로웠습니다. 사람들을 보면 탈바가지를 쓴 모습이 바로 보였습니다. 탈바가지를 안 쓴 사람이 별로 없었습니다.

탈바가지를 없애달라고 계속 기도하니까 어느 정도 조절이 되었습니다. 그러면서 사역을 할 때는 영적으로 탈바가지를 쓴 모습을 보게 되는 일을 원하는 사람들에게만 알려 드리고 있습니다. 그러고 나서 2년쯤 지난 후에 저는 천국을 방문하는 체험을 하기 시작했습니다.

예수님의 손을 잡고 1층천의 꽃밭들을 둘러보다

2008년 봄 영성교회에서 기도하던 중에 제 영이 제 몸을 빠져나가 순식간에 천국으로 올라갔습니다. 저 멀리 천국 문이 보이는데 굉장히 컸습니다. 천국 문이 열리고 예수님이 뚜벅뚜벅 걸어오셔서 저에게 손을 잡으라고 하셨습니다. 저는 조금 당황스러웠지만 한편으로는 감격스러웠습니다. 사모하는 주님의 손을 잡았으니 말입니다.

그때 제가 본 예수님의 모습은 성화에서 흔히 보아온 모습과 비슷했습니다. 긴 머리카락의 색깔은 갈색과 노란색의 중간 정도였고, 눈은 서양 사람의 눈처럼 초록빛을 띠고 있었는데 매우 아름답게 보였습니다. 옷은 흰 세마포를 입고 계셨고, 30대 초반의 젊은 모습에 키는 약 180센티미터 정도로 보였습니다.

예수님의 손을 잡고 걸어가고 있는데, 열두 진주 문이 한꺼번에 열렸습니다. 그 문 안쪽으로 들어가니까 길바닥이 온통 황금으로 되어 있어 기분이 너무 좋았습니다. 길옆에는 수호천사들이 줄지어 서 있는 것이 보였습니다. 저는 예수님의 손을 잡고 계속 걸어가다가 잠시 눈을 감았는데, 예수님이 눈을 뜨라고 하셔서 떠보니 꽃들이 만발한 곳에 도착해 있었습니다.

이 세상에서는 한 번도 보지 못했던 형형색색의 갖가지 꽃들, 재질과 모양이 각각 다 다른 꽃들이 만발해 있었습니다. 이 세상에 있는 꽃들보다 훨씬 더 아름다운 다양한 색깔의 꽃들이 춤추고 노래하고 있었습니다.

어떤 꽃들은 나름대로 자신만의 표현을 하기도 했습니다. 꽃들이 사람처럼 노래하고 춤을 추는 광경이 너무도 신기하고 황홀했습니다. 그렇게 신기하고 아름다운 꽃들이 수도 헤아릴 수 없을 만큼 엄청나게 많이 피어 있었습니다.

꽃들이 만발해 있는 안쪽으로 더 들어가 보니 안쪽에 있는 꽃들도 모두 다 춤추고 노래하고 있었습니다. 모든 꽃들이 정말 너무 아름다웠고 모두 반짝반짝 빛이 났습니다. 거기에는 해와 달과 별이 없었지만 너무나 밝았고, 모든 것들이 환하게 빛이 났습니다. 그 빛은 이 세상에서는 볼 수 없는, 어마어마하게 환하고 밝은 빛이었습니다(계 22:5 참조).

그곳에는 항상 은은하고 잔잔한 음악이 중음으로 울려 퍼지고 있었습니다. 그 음악은 이 세상에서는 들을 수 없는, 그야말로 천상에만 존재하는 아름다운 음악이었습니다. 그리고 그곳은 말로 표현하기 힘든 각종 꽃향기로 온통 가득했습니다. 그래서 그 아름다운 음악과 은은하고도 향긋한 꽃향기만으로도 큰 행복을 느낄 수 있는 그런 곳이었습니다.

집도 없고 일도 없이 생명나무 열매를 먹고 뛰어노는 1층천 사람들의 삶

그다음에 사람들이 보였습니다. 수많은 사람들이 아이들처럼 뛰어놀고 있었습니다. 그들이 입은 옷은 이 세상 사람들이 입는 옷이 아닌 것 같았습니다. 마치 표백제로 세탁해서 빤 것처럼 굉장히 하얀 옷을 입고 있었고, 약한 빛들이 감돌고 있었습니다.

여자는 치마에 웃옷을 입었고, 남자는 바지에 웃옷을 입었습니다. 엄청나게 많은 사람들이 모두 어린아이처럼 뛰어놀고 있었습니다. 제가 어린아이처럼 뛰어놀고 있는 한 사람에게 물어보았습니다. "여기서는 왜 사람들이 뛰어놀기만 하나요?" 그 사람이 대답했습니다. "이게 우리들의 삶이에요. 기뻐하고, 즐거워하고, 뛰어노는 것

천국 3층천의 비밀

이 우리들의 삶이에요."

그곳에는 집도 없었고 이렇다 할 특별한 다른 것들이 없었지만, 행복해하고 기뻐하고 즐거워하고 어울려서 노는 것이 그곳 사람들의 삶이라고 했습니다. 집은 하나도 없이 들판만 있었지만, 바닥은 다 황금이었습니다. 길도 다 황금으로 나 있었고, 거의 모든 곳이 수많은 아름다운 꽃들로 뒤덮여 있었습니다.

제가 그곳에 있는 다른 사람에게 또 이렇게 물었습니다. "왜 일은 안 해요?" 그랬더니 "일이 뭐예요?"라고 묻길래 제가 다시 물었습니다. "왜 여기서는 일을 안 해요?" 그랬더니 "일이 뭐예요?"라고 똑같은 질문으로 대답했습니다. 제가 "예배 안 드려요?"라고 물었더니 "여기는 예배가 없어요."라고 대답했습니다.

다른 쪽으로 눈을 돌려 보았더니 열매들이 주렁주렁 달려 있는 나무들이 있었습니다. 나무의 열매들은 모양과 크기가 다 달랐습니다. 그 열매들을 따 먹으면서 즐거워하고 기뻐하고 노래하고 춤추는 것이 자신들의 삶이라고 했습니다.

제가 예수님께 물어보았습니다. "여기에는 집이 없고

꽃과 나무만 있네요." 예수님께서 "여기가 1층천이란
다."라고 말씀하셨습니다. 그곳 1층천에 오는 사람들은
죽기 직전에 예수님을 영접하고 믿은 사람들, 별이 없
고, 상급이 없는 사람들이라고 하셨습니다.

그곳 1층천에 있는 사람들은 집이 없어도 생명수를
마시고 생명나무 과일을 따 먹으면서 굉장히 행복해했
습니다. 1층천에는 생명나무들이 아주 많았습니다. 생
명나무의 종류도 다양했고, 그 열매도 이 세상에서는
볼 수 없는 것들이었습니다. 열매의 크기는 작은 것, 큰
것, 아주 큰 것 등으로 다양했는데, 그곳에 있는 사람들
은 그 열매들만 먹고 산다고 했습니다.

그곳 1층천에는 해와 달과 별이 없는데도 아주 밝고
매우 빛나는 곳이었습니다. 신기하게도 그곳 1층천에
있는 사람들은 모두 그들의 청춘시절, 즉 20대 초반의
모습을 하고 있어서 보기에 다 아름답고 좋았습니다. 여
기까지가 제가 처음으로 천국을 방문했을 때 예수님이
제게 보여주신 1층천의 모습이었는데, 물론 이것이 전
부가 아니었습니다.

세상 사람들의 죄를 종류별로 다 보여주는
1층천의 신기한 호수

　같은 해인 2008년 겨울 저는 영성교회에서 기도하다가 두 번째로 천국을 방문하게 되었습니다. 제 영이 제 몸을 빠져나가 시공을 초월해서 천국으로 들려 올라갔습니다. 두 번째로 방문할 때도 천국의 첫 번째 문이 열리고 나서 예수님이 곧바로 나타나셨습니다.

　천국의 첫 번째 문이 제일 크고 그다음에 열두 진주 문이 있는데 한꺼번에 다 열렸습니다. 그 열두 진주 문들은 모양과 크기가 다 다르고, 진주의 종류도 다 달랐습니다.

　예수님은 제가 천국을 두 번째로 방문했을 때도 제게 1층천을 보여주셨습니다. 먼저 1층천에 있는 호수를 보여주셨는데, 그 호수 속에 이 세상과 거기에 사는 사람들이 보였습니다.

　특이하게도 천국에 있는 사람들은 이 땅에 사는 보고 싶은 사람들을 볼 수가 있었습니다. 자신이 보기를 원하는 이 땅의 사람들, 가족과 친구들을 볼 수 있었고, 그들의 삶이 호수 속에 다 보였습니다. 예수님이 저에게도 호수 속을 한번 들여다보라고 하셨습니다. 제가 보니까 저의 가족들이 사는 모습이 다 보였습니다.

　그리고 또 다른 호수가 있었는데, 거기에는 세상 사람들이 죄를 짓고 사는 모습들이 종류별로 다 보였습니다. 살인죄와 간음죄, 사기죄, 절도죄, 폭행죄, 거짓말하는 죄 등등 각 종류별로 사람들이 온갖 죄를 짓는 모습들이 그 호수 속에 다 보였습니다. 저는 '천국에 이런 호수가 있다니' 하는 마음에 깜짝 놀랐습니다. 예수님이 저에게 말씀하셨습니다. "천국에서는 지상의 모든 일들을 다 볼 수가 있단다."

　1층천에는 호수가 모두 3개 있었는데, 각각 성부와 성자, 성령을 뜻한다고 했습니다. 첫 번째 호수는 이 땅의 사람들을 볼 수 있는 호수였고, 두 번째 호수는 종류별, 세목별로 세상 사람들이 죄짓는 모습을 볼 수 있는 호수였고, 마지막 세 번째 호수는 목사들의 행실을 볼 수 있는 호수였습니다.

　제가 예수님께 먼저 말했습니다. "예수님, 세 번째 호수는 제가 볼 필요가 없을 것 같습니다." 그랬더니 예수님이 말씀하셨습니다. "목사들의 삶이 이렇단다." 목사들 중에도 죄짓는 사람들이 참 많다고 말씀하셨습니다.

　　　　　　　　　　　천국 3층천의 비밀

두 번째로 방문한 천국에서는 1층천에 있는 호수들에서 그곳에 사는 사람들이 보고자 하는 세상 사람들을 다 볼 수 있고, 또 종류별로 죄짓는 세상 사람들의 모습을 볼 수 있다는 것이 가장 놀라운 사실이었습니다. 여기까지 보고 저는 1층천 천국을 떠나 다시 지상으로 돌아왔습니다.

사람들에게 행복하다고 말하게 하는
1층천의 꽃잎들

　그리고 나서 2009년 여름 무렵 저는 세 번째로 천국을 방문하게 되었습니다. 그때도 영성교회에서 기도하던 중이었는데, 예수님이 제게 오셔서 저를 천국으로 데려가셨습니다. 예수님은 세 번째 천국 방문에서도 제게 1층천을 보여주셨습니다.

　지상의 날짜 개념과 천국의 날짜 개념이 다르긴 하지만, 1층천에서는 지상의 날짜 개념으로 이틀에 한 번씩 바람도 안 부는데 꽃잎들이 막 날릴 때가 있습니다. 그러면 사람들이 막 뛰어가서 그 꽃잎들을 잡으려고 했습니다. 그곳 사람들이 그렇게 날리는 꽃잎들을 매우 중요하게 여기는 것 같았습니다.

1층천 사람들이 그렇게 바람에 날리는 꽃잎을 잡으면, 그 꽃잎이 꽃잎을 잡은 사람에게 "나는 행복한 사람이야!"라고 말하도록 시킵니다. 그렇게 말하고 나면 꽃잎이 쌓여서 바다처럼 되었습니다. 그 광경이 얼마나 아름답고 예쁜지 말로 다 표현할 수가 없을 정도입니다. "나는 행복한 사람이야!"라고 말하면 정말 참 행복이 주어진다는 것입니다.

너무 신기해서 예수님께 물어보았습니다. 그랬더니 예수님이 "나는 행복하다. 나는 행복하다."라고 말하면 그 말이 바다처럼 포근하게 그렇게 말한 사람의 삶을 감싸준다고 말씀해주셨습니다.

그러시면서 이 땅에서도 행복하다는 말을 많이 하라고 말씀하셨습니다. 저는 그 당시에 남편과의 결혼 생활에서 행복을 전혀 누리지 못하고 있었는데, 행복하다는 말을 자꾸 하면 그 말이 바다처럼 그렇게 말한 사람을 포근하게 감싸준다고 예수님이 말씀하셨습니다.

빛나는 낙엽들의 천국에서 어마어마하게
큰 별 상급을 보고 돌아오다

그때 문이 또 하나가 열려서 그쪽으로 갔습니다. 그곳도 1층천이었는데, 거기에는 신기한 낙엽들이 눈처럼 쌓여 있었습니다. 그리고 사람 키만 한 나무들과 사람 반 키만 한 나무들이 웃고 있었습니다.

또 거기에는 마치 가을날에 떨어진 것 같은, 눈처럼 쌓여 있는 낙엽들이 다닥다닥 붙어 있었는데, 다들 반짝반짝 빛나고 있었습니다. 그런데 놀랍게도 낙엽들이 다 웃고 있었습니다. 반짝반짝 빛나는 낙엽들이 너무 아름답고 신비롭게 느껴져 잡으려고 했지만 잡히지 않았습니다.

거기에도 사람들이 있었는데, 모두 다 흰 옷을 입고 있었습니다. 여자는 치마에 웃옷, 남자는 바지에 웃옷을 입고 있었습니다. 그곳도 1층천이었는데, 이 땅에서도 좋은 계절이 봄과 가을이듯이, 1층천에서도 그런 좋은 계절을 보내고 있는 것 같았습니다.

이 땅에서는 무지개가 일곱 가지 색을 갖고 있는데, 천국에서는 열두 가지 색을 갖고 있었습니다. 거기에는 단풍이 열두 가지의 무지개 색으로 물들어 있어 너무너무 아름답습니다.

이틀에 한 번씩 낙엽이 떨어지는데, 낙엽을 잡은 사람들이 "나는 행복하다, 나는 행복하다."라고 말하면서 막 웃었습니다. 그 말이 떨어지기도 전에 낙엽들이 떨어져서 바다처럼 쌓였습니다.

그런데 그곳 1층천에서는 나뭇잎들이 낙엽이 되어 떨어지자마자 나뭇잎이 또 돋아났습니다. 꽃들도 마찬가지입니다. 꽃잎이 떨어지면 곧바로 새로운 꽃잎이 가지에서 피어납니다. 그래서 모든 꽃들은 항상 싱싱하고 아름다운 모습을 유지하고 있었습니다.

그러고 나서 예수님이 제게 다른 쪽을 보라고 하셨습니다. 제가 그 다른 쪽을 봤더니 거기에는 별이 있었는데, 어마어마하게 큰 별이었습니다. 별 모서리가 다섯 개인데, 모서리마다 방울이 달려 있었습니다. 그런데 그 방울들이 매우 아름다웠습니다.

제가 예수님께 물어보았습니다. "예수님, 이 별은 무엇을 의미해요?" 예수님이 "별은 상급이다."라고 말씀하셨습니다. 그 말씀을 듣고 다시 지상으로 돌아왔습니다. 여기까지가 저의 마지막 1층천 방문이었습니다.

1층천에 사는 사람들은 집을 소유하고 있지는 않았지만 모두 다 기뻐하며, 춤추고, 노래하며, 생명수를 마시고, 생명나무 과일을 따 먹으며 즐겁고 행복하게 지내고 있었습니다. 그러나 1층천 사람들은 2층천이나 3층천으로 갈 수 없다고 예수님이 말씀하셨습니다.

2장   2층천에 거주하는 성도들의 예배와 봉사

"만일 그리스도 안에서 우리가 바라는 것이 다만 이 세상의 삶뿐이면 모든 사람 가운데 우리가 더욱 불쌍한 자이리라"(고전 15:19).

"이 썩을 것이 반드시 썩지 아니할 것을 입겠고 이 죽을 것이 죽지 아니함을 입으리로다"(고전 15:53).

"보라, 내가 속히 오리니 내가 줄 상이 내게 있어 각 사람에게 그가 행한 대로 갚아 주리라"(계 22:12).

3층천 궁궐의 건축 자재들을 만드는 일을 하는 2층천 사람들

세 번째로 천국을 방문하고 돌아온 후 몇 개월쯤 지난 2009년 가을 어느 날 영성교회에서 기도하던 중 저는 다시 입신에 들어갔고, 네 번째로 천국을 방문하게 되었습니다.

천국에 올라갔더니 사람들이 막 떠드는 소리가 들렸습니다. 귀를 기울여 들어보니까 사람들이 떠드는 것 같은 소리는 바로 사람들이 일을 하면서 내는 소리였습니다. 사람들이 엄청난 기쁨을 가지고 떠들썩하게 일하는 소리가 그들의 음성과 함께 들려왔던 것입니다.

예수님이 저를 그들이 일하는 곳으로 데려가 주셨습니다. 그곳에 가보니 사람들이 분주하게 일을 하고 있었습니다. 가만히 보니까 사람들이 무슨 재료들을 만들어내고, 손과 몸을 부지런히 계속 움직이면서 무엇인가를 열심히 만들어내고 있었습니다.

제가 궁금해서 예수님께 물었습니다. "예수님, 저 사람들이 무엇을 만들고 있나요?" 예수님께서 "저 사람들은 3층천에 있는 궁궐을 짓는 데 들어갈 자재들을 만들고 있는 거란다."라고 알려주셨습니다. 그러면서 2층천에 있는 사람들은 일하는 것 자체가 기쁨이요 행복이라고 말씀하셨습니다.

다른 성도들이 살 집을 지어주는 일이 어떻게 보면 자존심이 상할 수도 있는 일인데, 천사들과 함께 3층천 궁을 짓는 데 필요한 재료와 자재들을 만드는 일을 하고 있는 2층천 사람들에게는 그 일 자체가 큰 행복이요 기쁨이라는 것이었습니다.

천국에는 밤이 없습니다. 그런데 그들은 일을 하다가 어느 순간이 되면 일을 끝내고 각자 자기 집으로 들어갔습니다. 2층천 사람들의 집은 세상에서 보통 사람들이 생각하는 그런 형태를 가진 집이었습니다.

그들의 집은 거의 다 단독 주택인데, 크기는 50평-60평, 100평-200평 정도이고, 500평 정도 되는 집도 있었습니다. 2층천에서 가장 상급이 많은 사람들의 집은 규모가 대략 1,000평-2,000평 정도 되는 집이었습니다. 정원의 평수는 집 크기의 2분의 1 정도 되었습니다.

제가 그들을 따라서 그들이 사는 집에 들어가 보았는데, 집에는 정원도 있었고, 그 안에는 동물들도 있었습니다. 천국에 있는 동물들은 날카로운 이빨 같은 게 없고 아주 온순했습니다. 개나 고양이와 비슷한 동물들도 있었는데, 이 땅에서 볼 수 있는 개나 고양이와는 많이 달랐습니다. 토끼와 같은 작은 동물들이 대부분이었는데, 그들은 2층천에 있는 사람들과 함께 생활하고 있었습니다. 동물들도 모두 행복해했습니다.

집 안으로 더 들어가 봤더니, 집 안은 온통 금과 보석으로 만들어져 있었습니다. 방도 금이고, 집 바깥으로 보이는 정원도 금과 보석으로 지어져 있었습니다. 집 안의 가구들도 이 세상에서 볼 수 있는 것들보다 훨씬 더 크고 아름다웠고, 모두 다 화려한 보석들로 장식돼 있었습니다. 집안의 모든 것들이 다 아름답게 반짝반짝 빛나고 있었습니다.

그리고 집 안에는 상들이 보였습니다. 어떤 상인가 하면, 전도한 상, 구제한 상, 교회에 충성되이 봉사한 상, 어려운 사람 도와준 상 등등의 명목으로 상들이 있었습니다. 그 상들도 다 금과 갖가지 보석들로 아름답게 장식되어 있었습니다. 천국에서 금이나 보석은 대개 작은 상급들에 속하지만, 크고 아름다운 가구나 상장, 보석이 달린 옷들은 큰 상급에 속한다고 볼 수 있습니다.

2층천에 있는 집의 앞마당 정원에는 과일나무들이 있었는데, 사람들이 과일을 따 먹고, 또 그 과일을 동물들에게 주기도 했습니다. 거기서는 사람들이 먹기는 하는데 배설은 안 한다고 했습니다. 그렇게 집에 머물다가 어느 정도 시간이 지나면, 또 일을 하러 갑니다. 일하는 것이 그들에게는 큰 기쁨이요 행복이며 보람이기 때문에 일하러 간다는 것이었습니다.

마지막 때에 들림 받지 못할 사람들을 보여주는 웅덩이

2층천에도 호수가 세 개 있었습니다. 한 호수에는 아이들이 보였습니다. 대략 초등학교 6학년 정도까지의 나이를 가진 아이들로 지상에 사는 아이들이었습니다. 정확히 말하면 지상에 사는 2층천 사람들의 자녀들이 보이는 호수였습니다.

그리고 또 다른 호수로 갔더니, 그 호수에는 교회의 장로님들이 보였습니다. 어떤 장로님들인가 했더니 목사님을 대적하고, 목사님에게 고통을 주는 장로님들이었습니다.

그래서 제가 예수님께 물어봤습니다. "예수님, 왜 이런 호수를 만드신 거예요?" 그랬더니 2층천에 있는 사람들이 지상에 있는 장로들이 죄짓지 않도록 기도하게 하려고 만들어 놓았다고 말씀하셨습니다. 2층천 사람들은 정말 지상에 있는 장로님들을 위해 기도하고 있었습니다.

세 번째 호수가 보였습니다. 그 호수 속에는 이 땅의 권사님들이 보였는데, 목사님들을 대적하고 그들에게 고통을 주는 권사님들이었습니다.

2층천에 있는 장로님들은 이 땅의 장로님들을 위해 기도하고 있었습니다. 2층천에 가는 성도들은 대부분 평신도들인데, 1층천에 있는 성도들은 기도를 못 하기 때문에 2층천에 있는 성도들이 이 땅의 성도들을 위해서 기도를 하고 있었습니다. 그래서 천국에 간 성도가 있는 집안은 그들의 기도 덕분에 영육간에 복을 많이 받는다는 것입니다.

천국에는 2층천에 사는 성도들이 제일 많았는데, 그들은 대부분 자신들의 집을 가지고 있었습니다. 2층천 성도들은 대부분의 시간을 3층천 성도들이 사는 궁궐을 짓는 데 사용한다고 했습니다. 2층천에서 일하는 천사들의 수는 바닷가의 모래알처럼 많은데, 그들은 2층천에 있는 성도들과 함께 3층천 궁을 짓는 일을 감당해야 하기 때문입니다.

2층천에 있는 성도들은 3층천 궁을 짓는 일을 하고 남는 나머지 시간을 이용해 예배를 드린다고 했습니다. 그런데 2층천에서 드리는 예배는 지상에서 드리는 예배와는 다르다고 했습니다. 자신들만의 방법으로 독특하게, 각자가 가장 기뻐하는 방식으로 예배를 드린다는 것입니다.

그런데 1층천과 3층천에는 예배가 없다고 했습니다. 1층천 사람들은 어린아이 같아서 예배가 필요 없다고 했고, 3층천 성도들은 예수님과 같은 권세(왕권)가 주어져서 예배가 없다고 했습니다.

예배는 이 땅에서 하나님께 존경과 사랑의 표현을 보여드리는 것인데, 성도들이 천국에 가면 천국의 시스템 자체가 하나님 안에 있기 때문에 따로 이 땅에서 드리는 것과 같은 유형적인 예배가 필요하지 않습니다. 천국에 들어가면 성도들의 신분 자체가 완전히 달라지기 때문입니다.

다만 2층천에 있는 성도들에게는 하나님께서 각자가

선호하는 예배를 통해 그들 자신이 더 많은 행복을 누리도록 예배를 드리게 하셨습니다. 그러나 신생아나 3-4세의 정신연령을 가진 것과 같은 상태의 1층천 성도들은 하나님 안에 있는 것 자체로 행복을 누리고 있기 때문에 따로 예배가 필요 없고, 또 왕권을 가져서 하나님과 온전히 연합한 가운데 삶이 곧 예배가 된 작은 예수로서의 3층천 성도들에게도 따로 예배가 필요하지 않다는 것입니다.

천국에는 어린이가 없으며, 장애인도 없습니다. 천국에는 지상에서처럼 부모 형제라는 개념 같은 게 없고, 혈연이나 지연에 얽매이지도 않는다고 했습니다. 그래서 지상에서 느끼는 것과 같은 부부의 정도 천국에는 없습니다.

그리고 2층천에서도 1층천에서와 마찬가지로 이 세상에서는 들을 수 없는 아름다운 음악이 중음으로 은은하게 울려 퍼지고 있었습니다. 그런데 2층천 음악은 1층천 음악보다 더 우아하고 더 세련되고 더 고귀한 음악이었습니다. 또한 2층천에는 1층천에서 맡았던 향기보다 더 감미롭고 더 그윽한 갖가지 아름다운 향기들로 가득차 있었습니다.

마지막으로 2층천에서 저는 커다란 웅덩이를 보았습니다. 그곳은 마지막 때에 들림 받지 못하고 이 땅에 남아 있게 되는 사람들을 보여 줄 웅덩이였는데, 그와 동시에 들림 받지 못한 사람들을 보고 예수님이 눈물 흘리시는 웅덩이라고 했습니다.

별 6개까지의 상급들 중 3개의 별 이상을 받아야 갈 수 있는 3층천

이쯤에서 별이 나옵니다. 예수님이 작은 별을 손에 쥐시고 제게 별은 상급이라고 가르쳐주셨습니다. 성도들과 목사들이 상급으로 별을 받을 때에는 별 6개까지를 상급으로 받을 수 있고, 그다음 단계의 상급도 있다고 하셨습니다. 별 한 개는 짧게는 3년, 길게는 5년까지의 충성과 헌신, 봉사, 예배, 착한 행실 등에 주어지는 상급이라고 말씀하셨습니다.

별 두 개는 약 10년간의 착한 행실 및 충성, 헌신, 봉사, 예배에 대한 상급이고, 별 세 개는 약 15년-18년간의 충성과 헌신, 봉사, 예배, 착한 행실에 대한 상급이라고 말씀하셨습니다.

또한 별 네 개는 25년, 별 다섯 개는 삶 자체, 그리고 마지막으로 별 여섯 개는 순교한 사람들과 삶 자체가 순교자적인 성도들에게 주어진다고 말씀하셨습니다. 그리고 별 3개를 상급으로 받은 성도들부터 3층천 천국에 갈 수 있다고 말씀하셨습니다. 또 상급 쌓은 것이 별 1개인 성도가 순교하면 별 6개가 된다고 말씀하셨습니다.

그런데 이혼한 사람은 별이 두 개가 떨어진다고 하셨고, WCC에 가입한 사람들도 별이 두 개 떨어진다고 가르쳐 주셨습니다. 그리고 아래의 각 경우에 해당하는 사람도 별이 한 개 떨어진다고 가르쳐 주셨습니다.

- 목사를 대적한 사람
- 부모를 대적한 사람
- 당 짓는 사람
- 간음하며 음란한 사람
- 목사를 중상모략한 사람
- 목사 사모인데 남편을 목사로 보지 않고 남편으로만 보는 사람
- 예배를 형식적으로 드리거나 자주 빠졌을 때
- 주신 사명을 감당하지 못했을 때
- 게으름이 지속되었을 때

- 중요한 시험을 못 이겼을 때
- 부부간에 자주 다툼을 일으켰을 때
- 기도가 자주 끊어졌을 때
- 습관적인 죄에서 벗어나지 못했을 때
- 긴 세월 동안 남을 미워하고 용서하지 않았을 때
- 내가 일부분이라도 물질의 주인이 되었을 때
- 자주 원망하고 불평했을 때

예수님은 위의 내용을 이 땅의 성도들과 목사들에게 전하라고 제게 말씀하셨습니다.

3장 / 왕권을 가진 왕들이 거주하는 3층천의 웅장한 궁궐들

"다시 밤이 없겠고 등불과 햇빛이 쓸 데 없으니 이는 주 하나님이 그들에게 비치심이라. 그들이 세세토록 왕 노릇 하리로다"(계 22:5).

"해의 영광이 다르고 달의 영광이 다르며 별의 영광도 다른데 별과 별의 영광이 다르도다"(고전 15:41).

"이기는 그에게는 내가 하나님의 낙원에 있는 생명나무의 열매를 주어 먹게 하리라"(계 2:7).

"네가 죽도록 충성하라. 그리하면 내가 생명의 관을 네게 주리라"(계 2:10).

"나는 선한 싸움을 싸우고 나의 달려갈 길을 마치고

믿음을 지켰으니 이제 후로는 나를 위하여 의의 면류관이 예비되었으므로 주 곧 의로우신 재판장이 그 날에 내게 주실 것이며 내게만 아니라 주의 나타나심을 사모하는 모든 자에게도니라"(딤후 4:7-8).

"푯대를 향하여 그리스도 예수 안에서 하나님이 위에서 부르신 부름의 상을 위하여 달려가노라"(빌 3:14).

"내가 그리스도 안에 있는 한 사람을 아노니 그는 십사 년 전에 셋째 하늘에 이끌려 간 자라(그가 몸 안에 있었는지 몸 밖에 있었는지 나는 모르거니와 하나님은 아시느니라). 내가 이런 사람을 아노니(그가 몸 안에 있었는지 몸 밖에 있었는지 나는 모르거니와 하나님은 아시느니라) 그가 낙원으로 이끌려 가서 말로 표현할 수 없는 말을 들었으니 사람이 가히 이르지 못할 말이로다"(고후 12:2-4).

3층천의 중앙 맨 꼭대기에 있는
하나님의 보좌와 황금색 생명책

제가 천국의 3층천을 방문하게 된 때는 2010년 봄과 가을, 그리고 2013년 겨울 무렵이었습니다. 세 번 다 기도 중에 입신하여 천국으로 올라갔었고, 매번 예수님께서 친히 저를 데리고 다니며 천국의 이곳저곳으로 안내해 주셨습니다. 저도 처음에는 제가 방문한 곳이 천국의 3층천인 줄 몰랐다가 나중에야 알게 되었습니다.

3층천의 중앙 맨 꼭대기에는 지극히 영광스러운 하나님의 보좌가 있었고, 그다음에 이십사 장로(계 4:10)가 있었고, 스랍 천사(사 6:2)와 가브리엘 천사(눅 1:19)가 있었습니다. 그리고 호위 천사들이 있었는데, 그들의 수는 셀 수 없을 정도로 굉장히 많았습니다.

하나님의 보좌는 너무 밝고 빛나서 눈을 뜬 채로는 도저히 볼 수가 없었습니다. 그래서 예수님이 제가 하나님의 보좌를 볼 수 있도록 제 눈을 조금 가려 주셨습니다. 제가 보좌를 보고 사람들에게 증언할 수 있게 하시기 위해서였습니다.

그리고 예수님이 저에게 생명책을 잠깐 보여주셨는데, 책 표지에 황금색으로 '생명책'이라고 적혀 있었습니다. 책의 크기는 가로가 4-5미터, 세로가 약 10미터 정도였고, 책의 두께는 약 1미터 정도였습니다. 책 표지의 위와 아래는 갖가지 보석과 진주로 아름답게 장식돼 있었습니다. 그리고 책 속에는 수많은 이름이 각 나라말로 적혀 있었습니다.

제가 예수님께 제 이름(서숙희)도 생명책에 있냐고 물었더니 예수님이 그 책 속에 적혀 있는 제 이름을 보여 주셨습니다. 생명책에 기록된 이름들은 모두 황금색으로 적혀 있었는데, 황금색 이름들이 매우 반짝반짝 빛이 나고 있었습니다.

"이기는 자는 이와 같이 흰 옷을 입을 것이요 내가 그 이름을 생명책에서 결코 지우지 아니하고 그 이름을 내 아버지 앞과 그의 천사들 앞에서 시인하리라"(계 3:5)

하나님의 보좌 가까이에 있는 아브라함의 궁궐

하나님의 보좌에서 아래로 내려오니까 엄청난 저택, 차라리 궁궐이라고 표현해야 맞을 것 같은 대저택들이 자리해 있었습니다. 인간의 이성과 상상을 초월하는 엄청난 궁궐이었습니다.

이 지구상의 어떤 왕이나 황제가 소유하고 살았던 궁궐이나 왕궁도 감히 비교할 수 없는 초대형 궁궐이었는데, 그 궁궐의 주인은 바로 믿음의 조상 아브라함이었습니다. 아브라함이 소유한 왕궁의 크기는 미국의 5배 정도 되었습니다. 그가 거주하는 엄청난 궁궐 밖에는 천사 12만 명이 아브라함을 섬기고 있다고 예수님이 알려주셨습니다.

3층천에서는 보좌와 가까울수록 궁궐의 경치가 더 좋고, 빛이 더 밝은 곳이라고 했습니다. 그 3층천에 있는 천사들의 모습은 사람들의 모습과 비슷했습니다. 날개 달린 천사들도 있었고, 날개 없는 천사들도 있었습니다.

남자 모습을 한 천사들도 있었고, 여자 모습을 한 천사들도 있었습니다. 또한 아기 모습을 한 천사들도 있었고, 거인처럼 아주 큰 천사들도 있었습니다. 빛이 약한 천사들도 있었고, 빛이 매우 강렬한 눈부신 천사들도 있었습니다.

그리고 천사들은 저마다 각기 다른 매우 다양한 옷들을 입고 있었습니다. 천사들은 그 지위에 따라 옷들의 빛이 다른데, 지위가 높은 천사들의 옷은 빛이 더 밝았고, 그들의 옷은 더 진귀하고 큰 보석들로 화려하게 장식되어 있었습니다.

3층천에도 항상 잔잔하고 은은한 음악이 중음으로 울려 퍼지고 있었습니다. 그 음악은 2층천에서 들리던 음악보다 더 우아하고 더 세련되고 더 아름답고 더 고급스러운 천상의 음악이었습니다. 또한 3층천의 향기는 2층천보다 더 진귀하고 더 고결하고 더 그윽한 향기였는데, 인간의 언어로는 표현하기가 힘든 황홀한 향기였습니다.

아브라함 궁 안에 있는 거대한 정원의 호수, 버섯 정원, 동물 정원

아브라함의 궁 주변에는 엄청난 정원들이 있었습니다. 모두 세 종류가 있었는데, 첫 번째 정원은 각종 꽃이 만발한 정원이었습니다. 정원 속의 길들은 모두 황금 길이었고, 그 금길 속에 보석들이 알알이 박혀 있었으니 그 길들이 얼마나 화려하고 아름다웠는지 모릅니다.

그곳에는 1층천에서 보았던 형형색색의 각종 꽃들이 정원을 꽉 채우고 있었습니다. 꽃들이 얼마나 질서정연하게 피어 있던지, 그리고 얼마나 아름답고 찬란하게 피어 있던지 감탄이 절로 나올 정도였습니다. 그리고 정원을 에워싼 담장 같은 것들이 보였는데, 담장은 모두 다이아몬드 벽돌들로 만들어져 있어서 기가 막힐 정도로 황홀하게 아름다웠습니다.

그 첫 번째 정원 안에는 또 바다 같은 호수가 있었는데, 호수의 물은 마치 수정처럼 맑았습니다. 수정 같은 물이 담긴 호수 밑바닥에는 아주 많은 물고기들이 보였는데, 물고기들이 너무 예쁘고 아름다웠습니다. 마치 잘 깎아서 만들어낸 인형 같은 물고기들이었습니다.

두 번째 정원은 버섯 정원이었습니다. 크기가 다른 각종 버섯들이 마치 잘 그린 그림 속의 풍경들처럼 아름답게 자라고 있었습니다. 버섯들 위쪽 부분에는 각종 보석들이 박혀 있었고, 버섯 밑둥은 진주로 되어 있었습니다. 그렇게 화려한 버섯들이 질서정연하게 아름답고 찬란한 모습으로 피어 있는 것이었습니다.

세 번째 정원은 궁과 가까운 곳에 자리하고 있었는데, 바로 동물 정원이었습니다. 일만 마리 정도의 동물들이 그 정원에 있었는데, 색깔이 다 하얗고 온순한 동물들, 이 땅에서는 볼 수 없는 그런 신기한 동물들이었습니다.

동물들의 크기는 작게는 강아지 정도의 크기부터 말처럼 큰 동물들도 볼 수 있었습니다.

나라를 다스리는 권세를 의미하는
면류관을 6개나 받은 아브라함

정원을 다 본 후 다시 아브라함의 궁으로 올라갔습니다. 아브라함의 궁은 너무나도 찬란하고 화려하게 빛나는 아름다운 곳이었습니다. 그 궁은 전부 작은 다이아몬드로 지어졌는데, 다이아몬드의 색깔이 모두 다 달라서 황홀할 정도로 화려하고 눈부시게 아름다웠습니다.

다이아몬드 하나의 크기는 사람 손바닥만 했고, 궁은 우리가 옛날 서양 영화나 에버랜드 같은 데서 보았던 것과 같은 서양식 궁이었습니다. 색깔이 다 다른 핸드폰만 한 크기의 다이아몬드를 다닥다닥 붙여서 만든 엄청난 궁이었습니다.

인간의 언어로는 감히 표현할 말을 찾을 수 없을 만큼 멋지고 빛나고 화려한 아름다운 궁이었습니다. 이 땅에서는 다이아몬드가 최고로 귀한 보석인데, 그 귀한 보석들로 엄청난 궁을 지어 놓은 것이었습니다.

궁 안으로 들어가 보니 바닥은 전부 황금이었는데, 황금은 변함없는 믿음을 뜻한다고 했습니다. 궁 내부에 있는 모든 것이 반짝반짝 빛났습니다. 궁 안의 전후좌우는 대부분 다이아몬드였습니다.

궁 안에는 우리가 쓰는 보통 가구들보다 더 크고 아름다운 가구들이 많이 있었고, 옷장도 많이 보였습니다. 옷장 속에는 왕복으로 보이는 옷들이 수없이 많이 들어 있었고, 그 종류도 아주 다양했습니다.

앞서도 잠깐 이야기한 것처럼, 금이나 보석은 작은 상급이고, 큰 가구, 상장, 보석 달린 옷들은 큰 상급이었습니다. 그 왕복 같은 옷들은 대부분 흰색이었고, 그 옷들은 진귀한 보석들로 화려하고 아름답게 장식되어 있었습니다.

아브라함 궁 안에도 시중드는 천사가 있었는데, 그 숫자가 1만 명이었습니다. 그리고 아브라함 궁 안에도 애완동물들이 있었습니다. 지상에서는 볼 수 없는, 마치 기품 있는 말처럼 우아하게 생겼고 천사들과 대화도 나누는 그런 동물들이었습니다.

그리고 궁 안의 벽에 상장들이 많이 보였는데, 상장에는 글씨가 쓰여 있었습니다. 상장들의 내부나 테두리도

다 진귀한 보석들로 장식되어 있어 너무나 아름다웠고, 상장에는 아브라함의 업적들이 쓰여 있었습니다. 그러한 상장들이 500개 정도 궁 안에 걸려 있었습니다.

아브라함 궁 안의 벽에는 면류관이 여섯 개 걸려 있었습니다. 그런데 그 면류관의 종류와 크기가 다 달랐습니다. 아브라함은 의인이었습니다. 그래서 의의 면류관이 제일 큰 면류관이었습니다. 면류관은 나라를 다스리는 권세를 의미한다고 했습니다.

아브라함 궁 안에서 본 것들 중 가장 인상 깊었던 것은 그 궁 안에 커다란 예수님 사진이 걸려 있었다는 것입니다. 그곳 3층천 천국에서도 예수님은 최상으로 존귀하게 높임을 받고 계신다는 것을 보여주는 사진이라고 할 수 있었습니다. 굉장히 큰 액자 속에 예수님 사진이 걸려 있었는데, 그 사진에서 예수님은 크게 활짝 웃으시는 모습이었습니다. 그 액자 역시 매우 진귀하고 아름다운 보석들로 장식되어 있었습니다.

"너희 조상 아브라함은 나의 때 볼 것을 즐거워하다가 보고 기뻐하였느니라. 유대인들이 이르되 네가 아직 오십 세도 못되었는데 아브라함을 보았느냐. 예수께서 이르시되 진실로 진실로 너희에게 이르노니 아브라함이 나기 전부터 내가 있느니라 하시니"(요 8:56-58).

다이아몬드는 주님을 위해 큰 업적을 이룰 때 주어지는 상급

이 찬란하게 눈부신 아름다운 궁에는 아브라함 혼자 살고 있었습니다. 제가 아브라함을 보려고 했는데, 빛이 너무 환해서 제대로 볼 수가 없었고 형체만 볼 수 있었습니다. 그래서 예수님께 빛을 조금 거두어 달라고 요청했습니다. 예수님이 빛을 조금 거두어주셔서 아브라함을 볼 수가 있었습니다.

제가 아브라함의 얼굴을 보았더니 수염이 하얗게 난 나이 든 얼굴이 아니라 한창 젊을 때의 얼굴이었습니다. 제가 봤을 때, 1층천에 있는 성도들의 모습은 20대 초반의 나이를 가진 사람들 같았고, 2층천 성도들은 25세 전후, 3층천 성도들은 30세 초반 정도의 나이를 가진 사람들 같았습니다.

제가 본 아브라함의 머리카락은 거의 흰색이었고, 다

소 근엄하고 온유한 모습이었습니다. 옷은 수정 같은 흰 옷을 입었는데, 옷에는 알알이 진주가 박혀 있었습니다. 그리고 허리에는 보석으로 장식된 멋진 금띠를 차고 있었고, 머리에는 왕이 쓰는 면류관을 쓰고 있었습니다.

금띠도 종류가 다양했는데, 상급이 높을수록 금띠가 더 진귀한 보석들로 장식되어 있어 더 화려하고 더 멋지고 더 아름다웠습니다. 2층천이나 3층천 성도들은 목걸이 같은 치장은 하고 있지 않았지만, 반지는 끼고 있었습니다.

2층천 사람들의 반지는 금반지인데, 테두리가 진주로 장식되어 있었고, 3층천 성도들의 반지는 보석 반지인데, 테두리는 다이아몬드로 아름답고 화려하게 장식되어 있었습니다. 보석 중에 진주는 깨끗한 믿음을 뜻하고, 다이아몬드는 주님을 위해 빛나는 업적을 이뤘을 때 주어지는 상급을 뜻한다고 했습니다.

3층천에 있는 아브라함은 왕권을 가지고 호령하는 모습이었습니다. 아브라함은 천사들에게, 그리고 1층천 성도들에게 말로 호령하고 있었습니다. 그리고 2층천 성도들에게도 명령을 내렸습니다.

아브라함은 궁 안에서 2층천 성도들에게 집 짓는 일

을 명령하고 지시했습니다. 아브라함은 궁 안에 앉아서 말로 천사를 부리고, 2층천 성도들에게 위엄 있게 지시를 했습니다. 그 나라에서는 말이 법이었습니다. 말이 떨어지면 그것이 곧 법이었습니다.

천국에서 3층천에 거주하는 왕들이 1층천과 2층천에 거주하는 성도들을 다스릴 때 바로 이 말을 통해 통치합니다. 천사들이 하나님의 뜻을 반영한 그 왕들의 말을 받아 그들의 통치를 받는 성도들에게 전달하면, 그 말이 법이 되어 영원토록 다스리게 되어 있었습니다.

미국보다 3배 정도 더 큰 사도 바울의 왕궁

그다음에 저는 사도 바울의 궁으로 안내되었습니다. 바울의 궁은 아브라함의 궁보다는 작았는데, 그가 소유한 왕궁의 크기는 미국의 3배 정도 되었습니다. 바울의 궁 밖에는 부리는 천사 1만 명이 있었고, 궁 안에는 부리는 천사 1,000명이 있었습니다.

사도 바울의 궁에는 두 개의 호수가 있었습니다. 첫 번째 호수에는 아기 천사 100명이 일렬종대로 서서 바울의 명령을 듣거나, 명령이 떨어지길 기다리며 대기하고 있었는데, 그 모습이 얼마나 예뻤던지 모릅니다.

그들 중에는 날개 달린 천사도 있었고, 날개 없는 천사도 있었고, 남자아이 같은 모습도 있었고, 여자아이 같은 모습의 천사도 있었습니다. 아무튼 다들 너무 예쁘고 아름다운 모습들이었습니다(예전에 제가 경기도에 있는 한 기도원에서 아기천사 일곱 명을 본 적이 있는데, 기도원 주변을 아기 천사들이 맴돌고 있었습니다).

두 번째 호수의 밑바닥에는 온통 낙엽들이 깔려 있었는데, 자세히 보니 낙엽들이 아니고 낙엽 같은 진주들이었습니다.

사도 바울의 얼굴은 30대 초반의 모습이었고, 머리 색깔이 하얗지는 않았습니다. 아브라함의 머리카락 색깔하고는 달랐습니다. 사도 바울의 궁도 진귀한 보석들로 지어져 있었고, 궁 안에 멋지고 아름다운 큰 가구들이 많이 있었는데, 옷장 속에는 왕복 같은 옷들이 종류별로 수없이 많이 걸려 있었습니다.

또 사도 바울의 궁 안에는 크고 아름다운 면류관이 여섯 개 있었는데, 제일 큰 것은 생명의 면류관이었습니다. 면류관은 나라를 다스리는 왕권이 주어졌다는 것을 의미한다고 했습니다.

천국 3층천의 비밀

사도 바울도 허리에 금띠를 차고 있었는데, 아브라함의 것과 같이 진귀한 보석들로 장식되어 있었습니다. 사도 바울도 왕권을 가지고 호령하고 명령하는 모습을 지니고 있습니다. 그리고 사도 바울의 궁에서도 많은 수는 아니었지만 순한 동물들을 볼 수 있었습니다.

요셉과 야곱, 에스더의 궁에서 본 상급과 1층천, 2층천, 3층천의 질서 체계

그다음에 저는 요셉의 궁으로 안내되었습니다. 요셉이 소유한 왕궁은 미국의 2배 정도 되는 크기를 가졌는데, 그의 궁 안에 있는 가구나 옷장 등 다른 것은 이전의 두 궁에 있는 것들과 비슷했습니다. 그런데 요셉의 궁 안에는 진귀한 보석들이 더 많이 있었습니다. 큰 보석이 아니라 주로 작은 보석들로 정교하게 장식되어 있었습니다.

3층천에 있는 요셉의 궁에도 정원이 있었습니다. 정원은 다 금과 보석으로 화려하고 아름답게 장식되어 있었고, 형형색색의 꽃들로 가득 차 있었습니다. 요셉의 궁에서 달리 특별한 것은 눈에 띄지 않았고, 궁 밖에는

5,000명, 궁 안에는 500명의 부리는 천사가 있었습니다. 그리고 요셉의 궁에도 순하게 보이는 애완동물들이 있었습니다.

그다음에 저는 요셉의 아버지 야곱의 궁으로 안내되었습니다. 야곱이 소유한 왕궁도 요셉의 왕궁과 같이 미국 2배 정도의 크기를 가졌고, 그의 궁은 전반적으로 요셉의 궁과 비슷한 모습이었습니다. 야곱의 궁에도 부리는 천사가 있었는데, 궁 밖에는 5,000명, 궁 안에는 500명의 부리는 천사가 있었습니다.

그리고 요셉은 생명의 면류관을 쓰고 있었는데, 야곱은 의의 면류관을 쓰고 있었습니다. 야곱도 요셉과 마찬가지로 왕권을 행사하고 있었습니다.

마지막으로 저는 에스더의 궁으로 안내되었습니다. 에스더가 소유한 왕궁은 미국만 한 크기를 가졌는데, 그녀의 궁 내부는 대부분 금과 귀한 보석으로 화려하고 아름답게 장식되어 있었습니다. 거기에도 크고 아름다운 가구들이 많았고, 아름다운 보석으로 장식된 옷장과 옷들도 많이 볼 수 있었습니다.

에스더는 지상에서 여자였던 것처럼 그곳 천국에서도

여자의 모습이었습니다. 에스더는 의의 면류관을 쓰고 있었고, 아름다운 보석으로 장식된 화려한 금띠를 차고 있었고, 멋진 치마를 입고 호령하고 있었습니다.

에스더의 옷은 눈부신 하얀색이었는데, 다이아몬드로 장식되어 있었습니다. 에스더의 궁 밖에는 부리는 천사가 1,000명이 있었고, 궁 안에는 100명의 부리는 천사가 있었습니다.

에스더의 궁에 호수가 하나 있었는데, 호수 전체가 거의 백조와 비슷한 하얀색 동물들로 뒤덮여 있었습니다. 그 백조와 같은 동물들의 몸에는 진주들이 빽빽하게 박혀 있었습니다. 그리고 그 백조 같은 하얀색 동물들은 사람처럼 말을 할 줄 알았습니다. 에스더도 그곳에서 왕권을 가지고 많은 성도들을 다스리며 호령하고 있었습니다.

1층천과 2층천에서 주로 사용하는 언어는 기쁨의 언어와 하나님을 경배하는 언어였습니다. 그러나 3층천의 언어는 주로 다스리는 언어와 호령하는 언어였습니다.

3층천 성도들은 하나님의 권위를 계승 받은 후계자의 모습으로서 왕권을 가지고 있었고, 이 땅의 권위와는 다른 평안으로 받아들여지는 권위와 빛의 권위를 갖고 천사들과 2층천 성도들에게 호령하고 명령하는 모습들이었습니다.

1층천과 2층천 성도들은 3층천에 있는 성도들을 쳐다보지도 못하고, 또 그들은 3층천에 갈 수도 없는데, 천사들과 함께 궁을 지을 때만 올라갈 수 있습니다. 3층천에 있는 빛은 너무도 밝아서 1층천이나 2층천에 있는 성도들이 감당해낼 수 없고, 또 그 빛으로 인해 3층천 성도들을 쳐다볼 수도 없지만, 2층천 성도들이 궁을 지을 때만 그 빛이 가리어져서 올라갈 수 있게 됩니다.

마찬가지로 1층천 성도들은 2층천 성도들을 보지 못하며, 또 2층천에 갈 수도 없다고 했습니다. 그러나 2층천과 3층천에 사는 성도들은 1층천에 가볼 수 있다고 했습니다.

천국
3층천의
비밀

03

천국은 각자가 행한 대로
보상받는 공의로운 나라

1장 / 천국에서 예수님이 재혼할 남편에 대해 일러주시다

제가 여덟 번째로 천국을 방문한 때는 남편이 소천한 후인 2015년 가을 무렵이었습니다. 남편이 소천한 후에 심적인 고통과 괴로움이 너무 커서 백일 작정 기도에 들어갔었는데, 작정 기도 마지막 날에 입신에 들어가 제 영이 천국으로 올라가서 예수님을 만났습니다.

천국에서 사별한 남편 대신 새 남편을 만나게 하신다는 주의 약속을 받다

그때 예수님이 저에게 말씀하시기를 "내가 너의 남편을 데려갔으니 너무 슬퍼하지 마라. 내가 너의 아버지도 데려갔으니 너무 슬퍼하지 마라. 너는 할 일을 다 했다."라고 말씀하셨습니다. 남편과 아버지는 불과 한 달

사이에 소천했습니다.

그러시면서 예수님은 제게 동역자로 새로운 남편을 만나게 해주겠다고 말씀하셨습니다. 미래의 남편의 모습에 대해서도 다 이야기해주셨는데, 지금 저의 남편의 모습과 비슷하게 말씀하셨습니다.

그러시고 나서 "너는 걱정하지 마라. 새로운 남편을 만나게 해주겠다." 하시면서 저를 생명수 강가로 인도하셨습니다. 저는 생명수의 강에 흐르는 물을 마셔봤습니다. 이 땅에서는 그렇게 시원하고 맛있는 물을 먹어본 적이 없었습니다.

예수님이 또 제게 말씀하셨습니다. "내가 너에게 남편을 만나게 해줄 것인데, 네가 그 남편과 할 일이 있다."라고 말씀하셨습니다. 그렇게 말씀하시면서 조그만 금덩어리 비슷한 것을 제게 주셨습니다.

동그란 금으로 된 증표 같았는데 매우 반짝반짝 빛이 났습니다. 제가 새로운 남편을 만나게 될 것이고, 예수님께서 제게 그 남편과 함께 할 일을 주는 것에 대한 증표라고 말씀하셨습니다. 그리고 나서 저는 다시 지상으로 돌아왔습니다.

천국에서 예수님이 딸 예림이를
끝까지 잘 보호하라고 당부하시다

2015년 겨울에 아홉 번째로 천국을 방문했는데, 그때는 예수님께서 제게 제 딸 예림이에 대해 말씀해주셨던 게 주된 내용이었습니다. 예수님이 "그 딸은 내가 너에게 준 딸이다."라고 말씀하셨습니다.

예림이는 남편하고는 상관없이 하나님께서 제게 준 딸이라고 하셨습니다. 남편의 씨만 빌렸을 뿐 예림이는 하나님의 딸이라고 하셨습니다. 예림이는 제 사명을 돕는 동역자로 저에게 주신 딸이라고 하셨습니다.

돌이켜 보니 딸이 초등학교 6학년일 때 제가 꿈을 꾸었는데, 딸이 "아빠, 아빠"하고 부르는데, 자기 아빠가 아닌 다른 사람에게 그렇게 부르는 꿈이었습니다. 자기 아빠는 여기 있는데, 저쪽에 있는 다른 사람에게 "아빠, 아빠"하고 부르던 꿈이 생각났습니다.

제 딸 예림이는 천사와 같은 성품을 가졌습니다. 장애인인 엄마를 전혀 부끄러워하지 않는 그런 딸입니다. 그래서 예수님은 제가 예림이를 끝까지 보호해야 한다고 말씀하셨습니다. 악한 세력으로부터 영적인 보호를 해야 할 딸이라고 하셨습니다. 그래서 예림이를 저에게 부탁한다고 말씀하신 것이었습니다.

저는 그때 깨달았습니다. '예림이가 그래서 아빠하고 정이 없었구나.' 예림이는 아빠랑 같이 시간을 보낸 적도 거의 없었습니다. 예수님은 제게 예림이를 잘 키워달라고 마지막 당부를 하셨습니다. 그리고 저는 다시 지상으로 돌아왔습니다.

남편이 될 노아 목사의 기도로 치유받고 성령의 불을 경험하다

2017년 여름 무렵에 저는 열 번째로 천국을 방문했습니다. 지금의 남편 노홍대(노아) 목사님을 만난 직후였습니다. 그때도 예수님께서 제게 똑같은 증표를 주셨습니다. 정말 신기했습니다. 2015년 가을에 여덟 번째로 천국을 방문했을 때, 예수님이 새로운 남편을 만나게 해 주시겠다고 하시며 제게 증표를 주셨는데, 그것이 실제로 이루어졌기 때문입니다.

노아 목사님에 대해서는 예수님이 "내가 기뻐하는 자요, 내가 사랑하는 아들이다."라고 말씀하셨습니다. 그

　　　　　　　　　　　　　天국 3층천의 비밀

리고 남편을 저에게 부탁한다고 하셨습니다. 내가 입버릇처럼 내 딸 예림이 같은 남편을 만나고 싶다고 했는데, 노아 목사님이 딸 예림이와 많이 닮았습니다. 특히 성품이 닮았습니다.

예수님은 노아 목사님이 마지막 때에 쓸 종이기 때문에 저에게 붙이셨다고 말씀하셨습니다. 그리고 노아 목사님은 마지막 때에 엄청난 영적 파워를 가진 사람이라고 하시면서 마지막 때는 영적인 전쟁의 위험도 크다고 말씀하셨습니다. 제가 열 번째로 천국을 방문했을 때 예수님이 제게 주신 증표는 마지막 때에 저와 남편을 쓰시겠다는 증표였습니다.

노아 목사님은 2017년 충북 진천의 영광기도원에서 21일 작정기도를 하시고 마지막 날에 그곳의 강사님을 만나 기도 제목을 나누던 중, "몸이 불편하지만 귀한 분이 있는데 만나 보겠냐?"는 강사님의 제안에 저를 소개받기로 하셨습니다.

그 이후 목사님은 인천 ○○교회 부흥집회에 참석하여 강단 앞에서 순수하게 춤을 추며 해맑게 웃는 저의 모습을 보시고 '이 사람이다'라는 생각이 들어 저를 만나기로 확신하게 되셨다고 합니다.

남편과 사별하고 딸과 함께 살고 있던 저는 그때부터 노 목사님과 정식으로 교제를 시작하게 되었고, 목사님을 제가 사는 집에 초청하여 그동안 살아온 날들에 대한 간증을 나눴습니다.

당시 저의 건강이 좋지 않았는데, 특히 잦은 하혈로 몸이 힘든 상태라는 것도 솔직하게 말씀드렸습니다. 그러자 목사님이 그 자리에서 간절히 기도를 해주셨는데, 그때부터 저의 몸에 강력한 성령의 불이 들어와 3일 동안 지속적으로 뜨겁게 임하더니 치유가 일어났고 언어 장애로 굳어 있던 혀도 조금 풀리게 되었습니다.

이 땅에서 각 성도가 쌓아온 상급과 면류관을 분별하는 은사

그 후 저는 2017년 12월 청평의 한 기도원에서 새벽 예배를 드리고 내려오다가 발을 헛디뎌 계단에서 아래로 굴러 떨어지는 사고를 당했습니다. 그때 그 사고로 2015년에 허리를 수술할 때 쇠로 고정해둔 부위가 다시 부러져 심한 허리 부상을 입었습니다. 그 이후로 병원에서 치료를 장시간 동안 받았지만, 허리뼈가 온전하게 붙지 않아 힘든 상황에서 우울증까지 생길 정도로 어려운 시기를 보냈습니다.

입원 치료가 다 끝난 후에도 이전에는 하루에 3킬로미터씩 걷던 제가 300미터도 못 걷는 불편함을 겪어야 했습니다. 그래서 병원을 옮겨 재차 치료를 받던 와중에 저의 가족들이 노아 목사님께 찾아가서 저와의 만남을 더 이상 지속하기는 어렵지 않겠냐고 했지만, 목사님은 저를 끝까지 책임지고 함께하겠다고 하셨습니다.

목사님은 저를 만나기 전부터 평택에서 청소년 사역을 하고 계셨는데, 제가 허리를 다친 이후로 제가 맡아 섬기고 있던 교회의 사역도 돕고 계셨습니다. 그러다가 한꺼번에 두 곳에서 사역을 계속 감당하기가 어려워 결국 청소년 사역을 정리하시고 인천 예수님의 교회로 오셔서 저와 함께 사역하시게 되었습니다. 그렇게 함께 사역하던 중 2018년 12월에 하나님의 인도하심 가운데 결혼을 하게 되었습니다.

그 후 하나님의 은혜로 저의 허리가 회복되고 나서 목사님과 함께 부흥집회를 갔는데, 거기에서 노 목사님은 처음으로 저의 은사를 발견하시고는 매우 놀라셨습니다. 저는 천국에서 3층천을 본 이후로 기도원에서 받은 특이한 은사가 있었습니다.

그 은사는 예수님을 믿는 사람을 보거나 떠올리면 즉시 그 사람이 그동안 쌓아온 상급(주로 별의 개수로 보입니다)과 면류관을 볼 수 있는 은사였습니다. 그뿐만 아니라 그 성도나 종에게 따라다니는 천사의 수, 영적 권세의 많고 적음, 그리고 신부 단장의 단계가 어느 정도까지 이르렀는지 까지도 볼 수 있는 은사였습니다.

예수님을 믿고 하나님의 부르심을 받아 천국에 가신 분들도 동일하게 상급과 면류관을 얼마나 받고 가셨는지, 현재 천국의 몇 층에서 어떤 영광으로 살고 계신지도 볼 수 있었습니다. 저는 이 은사가 특이하다는 것을 알고 있었지만, 이것을 알려야 한다고는 생각하지 않아 그 누구에게도 이 은사에 대해 이야기한 적이 없었습니다.

하지만 목사님과 함께 참여했던 부흥집회에서 제가 혼잣말로 거기에 참여하신 어느 분의 상급에 대해 이야기하는 것을 목사님이 옆에서 들으시고는 제가 가진 독특한 은사에 대해 아시게 되었습니다.

목사님은 그동안 어떤 사람이 얻을 면류관이나 사람들에게 따라다니는 천사의 수를 본다는 간증은 들어보았지만, 상급 같은 것은 천국에 가야만 알 수 있는 것이 아니냐고 하시면서 저의 경우처럼 사람들을 보는 즉시 그가 받을 상급에 대해 알 수 있다는 것은 정말 희귀한 은사라고 말씀하셨습니다. 그러면서 이것을 방송을 통해서나 책을 출간해서라도 사람들에게 널리 알리면 좋겠다는 이야기를 해주셨습니다.

천국 간증을 나누지 않는 불순종을 예수님이 책망하시다

2019년 1월 인천 ○○교회에서 기도하고 예배드릴 때 입신에 들어가 열한 번째로 천국에 다녀왔습니다. 저는 몸에서 영이 빠져나가는 것을 느낀 후 바로 천국으로 올라갔습니다. 천국 문에서 흰 세마포를 입고 계신 예수님을 만났습니다. 예수님은 잘 생긴 30대 청년의 모습이었는데, 녹색의 눈과 은빛이 나는 갈색의 머리와 턱수염을 하고 계셨습니다.

예수님께서는 제게 "이제까지 너에게 많은 것을 보여 줬는데 너는 왜 그것들을 묵인하고 있느냐?"라고 물으셨습니다. 그래서 저는 저 스스로 장애가 있는 것을 걸림돌이라 생각하여 "전하지 않을 거예요"라고 대답했습니다. 그러자 예수님께서는 "내가 하면 되지 않느냐?" 라고 말씀하셨습니다.

 저는 바로 "주님, 저는 장애가 없는 정상인의 모습이 되기를 원해요. 저를 변화시켜 주세요."라고 말씀드렸 더니 예수님께서는 "내가 네 말대로 너를 변화시켜 주 면 네가 변질될까 봐, 너를 잃기 싫어서 그렇게 하지 않 는 것이다. 하지만 네가 간증하는 것을 내가 직접 도와 주겠다."라고 말씀하셨습니다.
 그 이후로 설교 시간에 성도들에게 제가 경험한 것들 을 단편적으로 전하기 시작했지만, 당시에는 지금보다 언어의 표현이 많이 서툴러 잘 전하지 못했습니다. 하 지만 남편인 노아 목사님을 만난 이후로 주님께서는 저 를 성령의 불로 태우시고 조금씩 치료하시며 연단시켜 주셨습니다. 그래서 혀도 이전보다 더 많이 풀려 천국에 대한 간증을 좀 더 또렷하게 전할 수 있도록 도와주셨습 니다.

2장   3층천의 다이아몬드와 루비 지역을 처음으로 방문하다

 2019년 10월 3일 담석 수술을 받던 중 수술대에서 또다시 입신에 들어가 열두 번째로 천국을 방문하게 되었습니다. 그때 입신 중에 제가 본 천국은 그전까지 제가 보았던 천국과는 판이하게 다른 차원의 세계였습니다.

 거기서는 제 몸이 마치 큰 빌딩만 한 거인처럼 느껴졌고, 그곳에 있는 궁들도 지구의 절반만 하게 컸으며, 그곳에 거하는 사람들과 천사들 또한 아주 거대한 크기를 가진 존재로 느껴졌습니다.

 그곳에서 예수님께서는 제게 특히 궁이나 천사, 여러 사물의 크기에 대해 하나하나 설명해주셨습니다. 그곳에는 그전까지 보았던 별 지역과는 다른 다이아몬드 지역과 루비 지역이 있었습니다.

 그러니까 다이아몬드 지역은 별보다 더 귀한 다이아

몬드를 상급으로 받은 왕들이 사는 지역이고, 루비 지역은 다이아몬드보다 더 귀한 루비를 상급으로 받은 왕들이 사는 지역이라고 할 수 있습니다.

다이아몬드 지역은 하나님의 특별한 축복을 받아 땅에서 주님을 위해 물적, 영적 권세를 많이 얻어 하나님께 영광을 돌린 영적 거부들과 그들의 궁이 있는 곳으로 영적인 거부였던 사도 바울의 궁이 여기에 있었습니다.

루비 지역은 주님께 믿음의 용장으로 인정받은 자들과 그들의 궁이 있는 곳이었습니다. 여기에 사는 자들은 모두 왕의 권세를 가지고 있었습니다.

모든 궁에는 수많은 천사들로 가득했는데, 궁의 안과 밖에서 신속하게 각자가 맡은 일을 열심히 감당하고 있었습니다. 앞서 언급한 것과 같이 거대한 천사들도 있었지만, 아주 작은 천사까지 다양한 크기의 천사들이 있었습니다. 가지각색의 천사들이 있었는데, 입고 있는 옷은 대부분 흰색이었지만 빛의 밝기에 따라서 정말 다양한 색상으로 보였습니다.

다이아몬드 지역에 있는 아브라함 왕의
다이아몬드 궁궐

가장 먼저 방문한 곳은 예수님께서 다이아몬드 지역이라고 말씀하신 곳에 있는 아브라함 왕의 궁이었습니다. 그 궁은 사람 손만 한 다이아몬드를 주재료로 해서 지어져 있었고, 내부 벽은 A4 용지 두 장만 한 크기의 다이아몬드가, 궁의 윗부분은 루비가 많이 박혀 있었습니다.

궁 내부에는 침대, 옷장, 상 등의 가구들이 있었는데, 천국은 모든 공간이 하나님의 빛으로 가득한 곳이라 그런지 등은 찾아볼 수 없었습니다. 궁 내부의 이곳저곳에 수많은 과일들과 그것들을 담는 큰 바구니들이 있었고, 난생처음 보는 신기한 동물들이 많았는데, 천사들이 이들을 관리하고 있었습니다.

곳곳에 작은 것부터 건물만큼 큰 것까지 굉장히 다양한 크기의 어항들이 있었고, 물고기들이 물속에서 기뻐하고 노래하며 춤을 추고 있었습니다. 이 물고기 또한 크기와 종류가 다양했는데, 인어와 같이 아름다운 형상의 물고기도 있었습니다. 다양한 종류의 보석으로 수놓은 듯한 프레임의 액자 안에 예수님의 모습을 담은 그림이 걸려 있었던 것이 참 특이하게 느껴졌습니다.

예수님께서는 천사들의 이름과 그들 각자가 맡은 일에 대해서도 설명해 주셨습니다. 성 주변으로 흐르는 생명수 강에서 물을 떠서 수정같이 맑은 병에 담아 왕에게 갖다 드리는 일을 하는 천사도 볼 수 있었습니다. 그 밖에도 이 궁의 주인이자 왕인 아브라함을 수종 드는 일을 하는 천사들이 셀 수 없이 많았습니다.

2층천에 50개의 고을을 소유하고 다스리는 루비 지역의 왕들

다이아몬드 지역에 있는 아브라함의 궁 다음으로 예수님과 함께 루비 지역에 속한 여호수아의 궁을 방문하게 되었습니다. 여호수아는 정말 용맹스럽게 생겼는데, 면류관 3개가 이어져서 하나가 된 왕관을 쓰고 있었고, 금으로 된 옷을 입고 금 신발을 신고 있었습니다.

저는 처음에 옷과 신발이 전부 금으로 되어 있는 것을 보고 무겁지 않을까 생각했습니다. 그러나 가까이 가서 살짝 만져보니 옷을 아홉 겹에서 열 겹 정도로 껴입고 있었는데도 입었다는 느낌이 안 들 만큼 얇고 가벼웠으며 비단결같이 부드러웠습니다. 한 가지 색상으로 보이면서도 여러 가지 빛이 나는 정말 아름다운 옷이었습니다.

루비 지역은 믿음의 용장들이 거주하는 궁들이 자리해 있는 곳인데, 그중에서도 엘리야의 궁이 가장 높은 등급의 지역에 있었습니다. 그다음으로 모세의 궁, 노아의 궁, 여호수아의 궁 순으로 그 아래 등급의 지역에 그들의 궁들이 자리해 있었습니다. 공통적으로 이러한 궁에 거주하는 왕들은 2층천에 50개의 고을을 가지고 있었고, 그들이 직접 내려가서 다스리곤 했습니다.

루비 지역에 거하는 모세는 근엄하고 위엄있게 생겼습니다. 모세 역시 면류관 3개가 이어져 하나가 된 왕관을 쓰고 있었는데, 거기엔 녹보석이 박혀 있었고, 붉은색을 띤 금으로 된 옷에 녹보석이 박힌 띠를 착용하고 있었습니다.

예수님께서는 모세가 땅에서 자기 민족을 살렸기 때문에 하늘에서 큰 점수를 받았다고 하셨습니다. 그리고 마음이 좋은 사람처럼 온유하고 푸근하게 생긴 노아도 보았습니다.

예수님께서는 "너는 이것들이 믿어지느냐?"라고 제

게 물어보셨고, 저는 솔직하게 "보고도 잘 안 믿어집니다."라고 말씀드렸습니다. 그러자 예수님께서는 "믿으라"라고 말씀하셨고, 저는 "이해는 안 가지만 믿겠습니다."라고 말씀드렸더니, "그렇게 믿으라"라고 다시 말씀하셨습니다.

천국에서 예수님께 존귀한 존재라는 칭찬을 듣다

제가 담석 수술을 받고 나서 회복하는 중에 자고 있을 때 두 번째로 입신해서 열세 번째로 천국을 방문하게 되었습니다. 입신하자마자 저는 곧바로 천국으로 갔는데, 루비 지역에서 가장 높은 등급에 있는 엘리야의 궁에 가보게 되었습니다. 루비 지역의 입구에는 어마어마하게 큰 진주들이 박힌 열두 개의 진주문이 있었는데, 가까이 다가가니 그 문들이 모두 한꺼번에 열렸습니다.

그 문 안에서 파란색의 세마포를 입으신 예수님께서 걸어 나오셨는데, 그 옷의 곳곳에 파란색뿐 아니라 붉은 색과 흰색도 함께 느껴졌습니다. 파란색은 성부 하나님을 뜻하고 붉은색은 성자 예수님, 흰색은 성령 하나님을 뜻하기에 이 세 가지 색상이 함께 느껴지는 것은 삼위일

체를 의미하는 것 같았습니다.

예수님의 머리는 아름다운 노란빛이었고, 얼굴은 온화한 모습이었습니다. 예수님께서는 진주문 밖으로 나오셔서 제게 "나를 따라오너라."라고 말씀하셨습니다.

천국에서는 저의 모습이 마치 아름다운 여왕처럼 느껴졌습니다. 놀라웠던 것은 천사들뿐 아니라 우거진 숲의 열매 달린 나무와 꽃들과 크고 작은 동물들까지도 저에게 "에세라 왕님"이라고 부르며 경배를 하는 것이었습니다.

에세라는 천국에서의 저의 새로운 이름이었습니다. 저는 예수님께 "예수님, 이들이 누구한테 저렇게 경배하는 것이에요?"라고 여쭤보니 "(우리) 둘 다에게 하는 것이다."라고 말씀하셨습니다.

그렇게 천국에서는 제가 존귀한 존재로 여겨졌고, 높은 반열에 있는 듯했습니다. 저는 제가 입고 있는 옷을 보았는데, 왕복을 입고 있었고, 머리는 노란빛을 띠고 있었습니다. 거울을 보지 않았지만 저의 모습이 영으로 보였는데, 정말 아름다운 여인의 모습이었습니다.

저는 마음속으로 '나는 지구에서 돈도 없고, 온갖 무시와 조롱을 다 당하는 장애인인데, 여기서 이런 대우를 받는 것이 말이 안 된다'라고 생각했습니다. 그랬더니 예수님께서는 저의 그 생각을 바로 아시고는 "너는 여기에서 어마어마하게 큰 존재다."라고 말씀하셨습니다.

비단결 같은 생명수, 금빛 폭포, 수많은 온순한 동물들을 보다

거기에 있는 동물들은 이 땅의 동물들과 달랐습니다. 사자를 예로 들면, 사납거나 무섭지 않고 온유한 모습의 사자였습니다. 대부분의 동물이 흰빛을 띠었고 온유했습니다.

동물 중에서 가장 아름다운 동물은 말이었는데, 직접 올라 타보니 뭐라고 표현할 수 없을 만큼 온순했고, 주인을 태우고 간다는 것을 영광스럽게 여기는 말의 충성된 마음도 느껴졌습니다. 예수님께서도 말을 타셨는데, 그 말은 제가 탄 말보다 더 아름다운 말이었습니다. 그렇게 예수님과 저는 말을 타고 궁 쪽으로 갔습니다.

궁 주변에도 수많은 천군천사들이 있었고, 그들이 예수님과 저를 향해 고개를 숙이며 경배하는 것을 볼 수 있었습니다. 궁은 지구만 한 크기였고 굉장히 웅장했습니다.

외벽이 다이아몬드, 녹보석, 황보석 등 100가지 종류의 보석으로 지어져 있었습니다. 특히 궁 윗부분의 안과 밖으로 박혀 있는 수많은 루비들을 보면서 예수님께서 왜 그 지역을 루비 지역이라고 말씀하셨는지 알게 되었습니다.

궁 주변에는 천사들이 관리하는 5개의 동산이 있었습니다. 그 동산의 색깔은 땅에서 보던 녹색이 아니라 야광처럼 빛나는 듯한, 난생처음 보는 녹색이었고, 마치 실크처럼 부드러운 느낌이었습니다.

땅에서는 무지개가 빨주노초파남보의 일곱 가지 색상으로 보이지만, 천국에서는 무지개가 열두 가지 색상으로 보였습니다. 천국에서 가장 많이 쓰이고 있는 색상은 흰색이며, 이 흰색도 빛의 밝기나 색상의 정도에 따라 수많은 다양한 색깔을 띤 것처럼 보였습니다.

동산 근처로 호수가 줄을 맞추듯 질서정연하게 자리해 있었고, 그 안에는 비단결같이 아름다운 작은 물고기부터 큰 고래까지 다양한 물고기들이 살고 있었습니다. 호수에는 금빛 폭포가 아름답게 쏟아지고 있었고, 곳곳에 다양한 열매들을 가진 생명나무와 과일나무가 있었습니다.

시내에는 생명수가 흐르고 있었고, 생명수 또한 비단 결같이 고왔습니다. 가까이 가서 생명수를 마셔보니 물 맛과 과일 맛의 중간 맛이었는데, 이 땅의 어떤 언어로 도 표현할 수 없는 맛이었습니다.

루비 지역에서 가장 상급이 많은 엘리야의 화려한 궁을 방문하다

동산을 둘러본 후 예수님께서는 "여기는 엘리야 궁이 란다."라고 말씀하셨습니다. 궁의 문 앞에 도착하자마자 천사들이 저를 왕으로 대우하며 문을 열어주었습니다. 그 문에는 홍보석 등 갖가지 보석이 박혀 있었습니다.

궁 안과 밖으로 총 100만 명의 천사들이 있었는데, 궁 안으로는 문 앞에서부터 요정천사(반딧불처럼 빛나 는 작은 천사), 아기천사(계급이나 서열이 없는 천사), 사람 크기의 천사, 성인보다 작은 중간 정도 크기의 천 사, 여자 형상의 천사, 남자 형상의 천사들이 각자의 계 급에 맞는 다양한 옷을 입고 질서정연하게 움직이고 있 었습니다.

천사들은 궁 안에서는 과일을 나르고, 궁 밖에서는 나무를 가꾸거나 호수의 물고기를 보살피는 등 각자 맡은 다양한 일들을 하고 있었습니다. 천사들도 궁 안의 과일들을 먹을 수 있었습니다.

궁 안에는 침대가 눈에 잘 띄었고 굉장히 좋아 보였습니다. 천국에서는 잠을 자는 것이 필요 없지만, 지상에 살면서 우리가 보통 침대에서 쉬는 것처럼 천국에서도 휴식의 즐거움을 가질 수 있도록 만들어져 있는 것 같았습니다.

이 침대뿐만 아니라 보석으로 장식된 책장과 장롱 등 다양한 가구들도 있었습니다. 특히 옷장이 정말 많았는데, 이 옷장을 관리하는 천사만 두 명이나 있었습니다.

또한 너무나 아름다운 물이 있는 공간도 있었는데, 거기에 들어가 보진 않았지만 너무 아름다워서 바라보는 것만으로도 마음이 평온해지는 그런 공간이었습니다. 이 궁에도 예수님의 모습을 담은 다양한 그림이 5개 정도 있었고, 전도와 구제, 희생의 상 등이 놓여 있었습니다.

드디어 엘리야를 만났는데 정말 아름다우면서도 인자한 모습을 가지고 있었고, 특히 용맹함과 온유함의 성품이 두드러지게 느껴졌습니다. 그는 갈색 머리에 4가지

면류관이 합쳐져 있는 왕관을 쓰고 있었습니다.

파란색, 붉은색, 흰색이 섞여 있는 옷은 다양한 색상으로 조합된 아름다운 빛을 비추고 있었습니다. 또한 엘리야도 자신의 옷에 진주, 홍옥, 다이아몬드가 박힌 금띠를 착용하고 있었습니다.

6개의 면류관을 받은 자들부터 들어가는 다이아몬드와 루비 지역의 상급 체계

천국의 다이아몬드 지역과 루비 지역에서는 상급에 따라 등급이 정해져 각 상급을 받은 거주자의 거주지가 아래와 같이 구분되어 있었습니다.

6개의 면류관을 받은 자들은 천국의 다이아몬드 지역에 거하는데, 성경 인물로는 에스더, 요셉, 야곱, 다윗, 사도 바울, 아브라함이 이 지역에 거주했습니다. 이 다이아몬드 지역에서도 별 지역과 같이 다이아몬드 개수에 따라 한 개에서 6개까지 받은 자들로 거주지가 나누어져 있었고, 대부분의 궁이 다이아몬드로 이루어져 있었습니다.

면류관 6개와 다이아몬드 1개를 받은 에스더
면류관 6개와 다이아몬드 2개를 받은 요셉
면류관 6개와 다이아몬드 2개를 받은 야곱
면류관 6개와 다이아몬드 4개를 받은 다윗
면류관 6개와 다이아몬드 5개를 받은 사도 바울
면류관 6개와 다이아몬드 6개를 받은 아브라함

7-9개의 면류관을 받은 자들은 천국의 루비 지역에 거하는데, 성경 인물로는 여호수아, 노아, 모세, 엘리야가 이 지역에 거주했습니다. 이 루비 지역에는 루비 개수에 따라 1개에서 4개까지 받은 자들로 거주지가 나누어져 있었고, 다이아몬드와 루비로 이루어진 궁이 주를 이루고 있었습니다.

면류관 7개와 루비 1개를 받은 여호수아
면류관 8개와 루비 2개를 받은 노아
면류관 8개와 루비 3개를 받은 모세
면류관 9개와 루비 4개를 받은 엘리야

이렇게 천국의 다이아몬드와 루비 지역을 둘러보게 해주신 후에 예수님께서 제게 이렇게 말씀하셨습니다. "네가 지구에 내려가서 이것을 전하면 핍박을 받을 수가 있다. 그러나 끝까지 견디거라. 그러면 내 나라가 사람들에게 전달되리라"라고 말씀하셨습니다. 또한 "내가 곧 가리라"라는 말씀도 해주셨습니다.

3층천의 루비와 다이아몬드 지역, 별 지역에 속한 사람들의 상급 비교

3층천의 루비 지역에 사는 거주자들은 3층천에서도 9단계-10단계에 속한 상급을 받은 왕들입니다. 각자가 소유한 왕궁의 크기가 지구의 절반 정도에서부터 지구만 한 규모에 이르며, 왕궁에 살면서 거느리는 천사들의 수도 50만 명에서 100만 명에까지 이릅니다.

3층천의 다이아몬드 지역에 사는 거주자들은 3층천에서도 5단계-8단계에 속한 상급을 받은 왕들입니다. 각 단계별로 미국 영토만 한 크기에서부터 미국 영토의 5배 정도 되는 크기의 왕궁을 소유하며, 각자가 거느리고 있는 천사들의 수도 다릅니다.

천국은 어떻게 보면 철저한 상급 사회라고 말할 수 있습니다. 왜냐하면 예수님께서 성도들 각자가 행한 대로 갚아주시겠다고 말씀하셨기 때문입니다.

"보라. 내가 속히 오리니 내가 줄 상이 내게 있어 각 사람에게 그가 행한 대로 갚아 주리라."(계 22:12)

3층천에서 루비와 다이아몬드를 상급으로 받는 단계 아래에 별을 상급으로 받는 왕들이 사는 지역이 있습니다. 3층천에서도 1단계-4단계에 속한 상급을 받은 왕들이 작게는 여의도나 영종도만 한 크기에서부터 호주만 한 크기의 왕궁을 소유하며 왕권을 행사하며 살고 있습니다.

이 지역에서 4단계에 속한 거주자들은 순교자의 반열에 속한 왕들인데, 우리나라에서는 이기풍 목사님과 주기철 목사님, 손양원 목사님 등이 이 4단계에 속한 상급을 받은 분들입니다.

이곳에 사는 거주자들의 왕궁은 대략 호주 정도의 크기로 그들의 궁도 거의 금과 각종 보석들로 멋지고 아름답게 지어져 있었습니다. 이들의 궁에서도 보석들로 장식된, 크고 아름다운 가구들을 많이 볼 수 있었습니다.

이 4단계에 속한 거주자들의 숫자는 우리나라 출신의 왕들만 대략 30명쯤 되었습니다. 그런데 같은 3층천이라도 이 지역의 빛은 다이아몬드나 루비 지역의 빛 보다는 조금 약했습니다. 4단계 지역의 궁에 있는 천사들의 수는 궁 밖에 500명, 궁 안에 50명이었습니다.

3층천의 3단계에 속한 상급을 받은 왕들은 전도하고 희생하고 봉사한 개척교회 목사들이 대부분이었고, 대형교회 목사들은 거의 없었습니다. 개척교회 목사들의 숫자도 그리 많지는 않았습니다. 제가 이 3단계 지역에서 본 우리나라 출신의 목사님들은 대략 50명 정도였습니다. 그분들도 모두 왕권을 갖고 있었습니다.

3단계 지역에 있는 거주자들이 소유한 왕궁의 크기는 남북한을 합한 한반도 정도 되었고, 그들이 사는 궁은 작은 다이아몬드 벽돌로 만들어져 있었습니다. 이분들도 똑같이 금띠를 허리에 차고 있었고, 그들은 생명의 면류관을 4개 받은 왕들로서 생명의 면류관을 쓰고 있었습니다. 이들의 궁에 있는 천사들의 수는 궁 밖에 200명, 궁 안에 30명이었습니다.

각자가 행한 대로 0.01%까지
정확하게 평가되어 상을 다르게 받는 천국

3층천의 2단계에 있는 거주자들은 일부 목사들과 헌신하고 희생한 평신도, 그리고 목사를 잘 섬긴 평신도와 일부 순교자들이었습니다. 이곳 2단계 지역에는 평신도들이 목회자들보다 더 많았습니다.

이들은 생명의 면류관을 3개 받은 왕들이며, 역시 허리에 금띠를 차고 있었습니다. 이들이 소유한 왕궁의 크기는 제주도만 했고, 부리는 천사들의 수는 궁 밖에 100명, 궁 안에 20명이었습니다.

저의 궁도 예수님이 보여주셨는데, 이 2단계의 천국에 있었습니다. 저의 궁은 아직 다 지어지지는 않았습니다. 그렇지만 저의 궁이 너무 멋지고 아름다워서 저는 무척 기뻤습니다.

이 궁은 앞에서 언급했듯이 2013년에 입신해서 보고 온 저의 궁입니다. 2019년 10월 3일에 쓸개(담낭) 제거 수술 중에 입신해서 3층천에서 가장 높은 지역에 살고 있는 네 사람의 왕들, 곧 엘리야, 노아, 모세, 여호수아를 보고 올 때 예수님께서 저의 상급을 별 5개에서 6개로, 면류관은 3개에서 4개로 각각 한 개씩 올려주셨습니다. 그래서 2013년 10월 3일 이후부터는 3층천에서 제가 소유한 왕궁의 크기는 제주도에서 한반도만 한 크기로 한 단계 더 올라갔습니다.

3층천의 1단계에 속한 상급을 받은 거주자들은 주로 큰 교회를 섬기며 승리한 목사님들, 승리한 평신도나 집사님, 권사님, 장로님들이었습니다. 이분들이 소유한 왕궁의 크기는 제주도보다는 조금 작아서 여의도나 영종도만 했습니다. 거느리는 천사들의 수는 궁 밖에 50명, 궁 안에 10명이었습니다.

이렇게 천국은 철저한 상급 사회로 면류관도 단계별로 다 다른데, 1단계에 속한 분들이 받은 면류관은 1개-2개입니다. 그들이 사는 궁은 보석 벽돌로 지어져 있었고, 그분들도 흰옷을 입고 허리에 금띠를 찼는데, 옷에 보석은 없었습니다. 각 지역의 빛도 단계마다 다른데, 단계가 내려갈수록 빛이 약해졌습니다.

상급이 한 단계씩 올라가는 상승 신앙인이 되려면 바른 성경관이 확립되어 있어야 하고, 장애인이든 정상적인 사람이든 하나님께서 허락하신 여러 가지 연단을 믿음과 인내와 기도, 순종 등으로 이겨내야 합니다. 그렇게 할 때 그들의 상급이 올라가고 면류관의 수가 많아집니다.

특히 몸에 가시가 많은 성도일수록 원망하지 않고 말씀 안에서 믿음으로 굳게 서 있을 경우, 가시가 많은 만큼 주님이 합당하게 평가하셔서 두세 배 빨리 상급이 올라갑니다. 그렇기 때문에 남들보다 환경이 안 좋고 핍박이 심하다고 탓할 필요가 없습니다. 주님이 모든 것을 0.01%까지 정확하게 평가해서 등급을 매겨 주시니까요.

천국의 상급과 면류관을 쌓는 신앙은 높아지는 마음보다 낮아지는 마음이요, 칭찬보다 권면과 책망의 말을 달게 듣는 마음입니다. 벧세메스로 가는 암소들처럼(삼상 6:7-16) 자기 사명을 말없이 감당하는 자들에게 천국의 귀한 상급과 면류관이 주어진다고 말할 수 있습니다.

요정 천사에서 초 거인 천사까지
천사들의 다양한 크기와 직위, 계열

제가 천국을 여러 번 방문하면서 천사들의 크기나 직위, 계열에 대해 알게 되었는데, 이쯤에서 그 내용도 함께 정리해서 나누고자 합니다. 천국에는 가장 작게는 사람의 손가락만 한 크기의 요정 천사도 있고, 아기 천사, 사람 크기의 천사, 사람 두 배만 한 천사도 있습니다.

그다음으로는 아파트 3층-15층 정도 크기의 거인 천사, 그리고 미가엘 천사장과 가브리엘 천사장, 하나님의 보좌 주위에 있는 스랍 천사까지 그 크기와 직위가 다양합니다. 천국에서 엘리야와 노아, 모세, 여호수아가 사는 루비 지역의 천사들 중에는 서울 여의도의 63빌딩만 한 크기의 초거인 천사들도 있었습니다.

하나님의 보좌 가까이에 있는 스랍 천사(사 6:1-3)는 각기 여섯 날개를 가지고 있는데, 둘로는 자기의 얼굴을 가리고, 둘로는 자기의 발을 가리고, 나머지 둘로는 날며 움직이고 있었습니다. 그러면서 서로 말하기를 "거룩하다 거룩하다 거룩하다 만군의 여호와여, 그의 영광이 온 땅에 충만하도다."라고 합니다. 사람에게 죄를 회개시킬 때 보내심을 받고 활동하는 천사이기도 합니다 (사 6:6).

가브리엘 천사장과 미가엘 천사장은 하나님의 보좌 가까운 곳에서 하나님을 섬기고 있습니다. 가브리엘 천사장(단 8:16, 9:21, 눅 1:19, 1:26)은 키가 3미터 정도 되고, 여성의 모습으로 천국에서 가장 아름다운 천사입니다. 주로 하나님의 사신으로 활동하며, 성도들의 기도의 향을 받아서 하나님의 보좌 앞으로 갖고 가는 역할도 합니다.

또한 사람들에게 회개시키거나 하나님의 진리를 깨우쳐주고 올바른 길로 인도하는 등의 역할도 감당하는데, 천국의 3층천에는 가브리엘 천사장 아래에 가브리엘과 비슷한 계열의 사명을 맡은 수많은 천사들이 있습니다.

미가엘 천사장(단 10:13, 10:21, 12:1, 유 1:9, 계 12:7)은 키가 3미터 정도 되고, 용감하고 잘 생긴 남자의 모습을 한 천사로서 지구촌에서 일어나는 크고 작은 전쟁과 전투, 싸움을 수행하는 천사장입니다. 이 천사장 아래에 비슷한 계열의 사명을 수행하는 수많은 천사들이 있습니다.

아파트 6층에서 15층 정도 크기의 거인 천사들은 클수록 계급이 높고 강력한 능력을 가지고 천국과 세상에서 활동합니다. 13층-15층 크기의 거인 천사들은 5대양 6대주를 감찰하고 지구촌에 큰 영향을 끼치는 나라들을 관할하면서 각기 맡은 일들을 수행합니다. 중동지역이나 남북한처럼 전쟁의 위험이 있는 지역에도 이들 거인 천사들이 일하고 있습니다.

또한 이들 중에는 세계를 움직이는 경제권을 갖고 일하는 천사들도 있고, 세계의 군사력을 움직이는 천사들, 세계의 안전과 평화를 지키는 천사들도 있습니다. 대부분 10명, 100명, 1,000명, 만 명 이상의 단위로 함께 움직이며 맡은 일들을 수행합니다.

이 모든 일들을 하나님의 뜻에 따라 사람의 마음을 움직여서 전쟁이나 평화에 대한 일이나 경제 원조 등의 일을 수행합니다. "그에게 수종들며 그의 뜻을 행하는 모든 천군이여 여호와를 송축하라"(시 103:21).

아파트 10층-12층 크기의 거인 천사들은 각 나라별로 큰 도시들을 관할해서 각기 자신들이 맡은 일들을 수행합니다. 아파트 6층-9층 크기의 거인 천사들은 각 나라의 소도시나 군, 면까지의 지역들에서 일합니다.

이렇게 6층-15층 크기의 거인 천사들은 각각 다른 사명들을 맡아서 일합니다. 나라별로 영역이나 지역이 정해져 있고, 각자가 맡은 사명의 계열에 맞는 일들을 수행합니다. 이들은 천국의 3층천에서도 크기에 따라 질서를 잘 지켜 계열에 맞게 일들을 수행합니다.

각자의 성숙도에 따라 함께하는
천사들의 크기와 수가 다르다

또한 천사들은 이 땅에서 구원받은 성도들을 위해서도 그들과 함께 동행하면서 각자가 맡은 일들을 수행합니다. 예수님을 갓 영접한 성도들에게는 두 명의 천사가 따라붙는데, 한 천사는 호위 천사입니다. 성도가 어려움을 당할 때 도와주는 천사로 미가엘 천사장의 계열에 속한 천사입니다. 악한 세력과 싸우는 전투력을 가진 천사로 강한 무기도 가지고 있습니다.

두 번째 천사는 구원받은 성도가 기도하면 그 기도의 향을 받아서 하나님의 보좌 앞에까지 올려드리는 천사입니다. 이 천사는 가브리엘 천사장의 계열에 속한 천사입니다. 갓 구원받은 성도에게 따라붙는 두 명의 천사의 크기는 사람만 해서 키가 180센티미터 정도 됩니다.

구원받은 성도가 신앙생활을 하면서 믿음이 성장하면 그에게 동행하는 천사들의 크기나 수도 달라집니다. 사역을 잘 감당하는 종이나 성도에게는 평균적으로 사람 두 배 크기의 천사 10명-20명 정도가 따라붙어 일합니다. 이 천사들은 한 가지 일만 하지 않고, 신유나 귀신 쫓는 일부터 지혜를 발휘하거나 경제권을 행사하는 등 여러 가지 일을 다양하게 수행하고 있습니다.

아파트 6층-15층 크기의 천사들이 전 세계를 대상으로 지역별로나 영역별로 각기 다양한 일을 수행하고 있다면, 아파트 3층-5층 크기의 천사들은 하나님의 종들이나 성도들과 함께하며 일합니다.

그래서 이 땅에서 중요한 일을 맡은 종들이나 성도들에게는 아파트 3층-5층 크기의 거인 천사가 함께하여 일합니다. 그릇이 크고 영권이 강한 종들이나 선교사, 영권이 강한 성도들에게는 거인 천사들이 2명-4명 정도 따라다닙니다. 사역을 많이 하고 있는 종들에게는 사람 두 배 정도 크기의 천사가 4명-20명까지 따라다니기도 합니다.

실제로 어느 목회자에게는 사람 두 배 크기의 천사가 12명이나 함께 하고 있었고, 거인 천사들도 2명이나 많게는 8명이 함께하는 경우도 있었습니다. 목회자들 중에는 거인 천사가 3명이나 4명이 함께하거나 5명, 8명이 함께하는 종들도 있습니다. 전 세계에서 아파트 5층 크기의 거인 천사 8명이 함께하는 목회자도 있습니다.

아파트 5층 크기의 거인 천사들 중에는 장군급 천사가 있는데, 이 장군급 천사들이 각각 거느리는 부하 천사는 1만 명, 2만 명, 3만 명으로 맡은 일에 따라 규모가 다릅니다. 이 장군급 천사는 사람들에게 군대 귀신이 들렸거나 악한 세력이 많이 몰려왔을 때 부하 천군들을 지휘하면서 싸우는 천사입니다.

성도에게도 이런 장군급 천사가 따라붙기도 하고, 기도의 분량이 많고 중요한 일을 맡은 종들에게도 함께하여 일합니다. 제가 직접 본 아파트 5층 크기의 천사들 중 호위 천사는 함께하는 사람과 얼굴 모양이 같았고, 무시무시한 무기를 가지고 있었습니다.

아파트 4층 크기의 거인 천사들 중 장군 천사급에게는 5천 명의 부하 천군들이 있습니다. 이들 중에도 경제권 천사, 신유 천사, 귀신 쫓는 천사 등이 있습니다. 아파트 3층 크기의 거인 천사들 중 장군 천사급에게는 2천 명의 부하 천사들이 그 수하에서 일합니다. 이들에게도 동일하게 신유 천사, 귀신 쫓는 천사, 경제권 천사, 전투력 천사 등이 있습니다.

이렇게 천사들의 크기나 직위, 계열은 다양하고, 이 땅의 종들이나 성도들과 함께하며 일하는 천사들도 많습니다. 그들이 사명을 잘 감당하면 천사들의 도움을 받아 늘 승리하지만, 기도를 게을리하거나 사명을 소홀히 하거나 죄의 유혹에 빠질 때는 함께하는 천사의 수가 줄 어들거나 천사들도 일을 하지 않습니다.

천국 3층천의 비밀

3장   3층천 천국의 왕들이 새롭게 입을 자태의 눈부신 아름다움을 경험하다

2020년 11월 16일 저녁 9시쯤에 하나님께 기도하다가 영혼이 몸에서 빠져나와 열네 번째로 천국을 방문하게 되었습니다. 이번에는 천국 문을 마치 컴퓨터에서 영상이 빠르게 지나가는 것처럼 보았습니다.

그러면서도 천국 문을 아주 가까이서 자세하게 볼 수 있었습니다. 이전에는 천국 문에서 예수님을 만나고 나면 감격에 겨워 기분이 들떠 있는 바람에 천국 문을 자세하게 살펴볼 겨를이 없어 그냥 건성으로 보고 지나쳤습니다. 이번에는 굉장히 빠른 속도로 영상이 지나가는 듯한 느낌 가운데서도 천국 문이 아주 선명하게 보였습니다.

어마어마하게 큰 천국 문에 500개 정도의 보석들이 따닥따닥 붙어 있었는데, 세상에서 볼 수 있는 보석도 있고, 세상에서는 볼 수 없는 보석도 있었습니다. 제가 방문하는 곳들이 쏜살같이 빠르게 바뀐다고 느낄 만큼 제가 빨리 움직였는데, 그다음에 바로 예수님을 만나게 되었습니다.

예수님의 손과 발의 정중앙에 남아 있는 못 자국을 보다

이번에는 예수님의 모습도 아주 정확하게 보았습니다. 머리카락이 저의 남편인 노 목사님의 머리처럼 하얀데도 갈색과 노란색의 머리카락이 섞여 있었습니다. 눈은 갈색을 띠고 있었는데, 진 밤색도 섞여 있었습니다.

예수님의 눈은 아주 크고 아름다웠습니다. 영으로는 뭔가 무시무시하다는 느낌이 들었는데, 공포감을 주는 게 아니라 그냥 윗사람한테 느껴지는 위엄 같은 것으로 인해 경외감이 드는 그런 느낌이었습니다. 이 모든 감흥이 다 합쳐져서 예수님의 모습은 아주 아름답게 느껴졌습니다.

예수님은 속에는 비단결처럼 부드러운 아주 새하얀 옷에다 겉옷은 조끼처럼 생긴 파란색의 옷을 입고 계셨습니다. 겉옷의 파란색은 이 땅에서 우리가 흔히 볼 수 있는 단순한 파란색이 아니라 비단결처럼 부드럽고 매끄러운 느낌에 하늘색도 섞여 있는 그런 특이한 파란색이었습니다.

예수님의 손바닥 한가운데에 못 자국이 있었습니다. 개인적으로 저는 예수님이 십자가에 못 박히실 때 손바닥이 찢어질까 봐 대못을 손바닥이 아닌 손목에 박았을 것이라고 들었는데, 제가 천국에서 실제로 본 예수님의 손에는 못 자국이 손바닥 정중앙에 있었습니다.

발등에도 정중앙에 못 자국이 나 있었습니다. 신발을 신고 계셨는데도 발등의 못 자국이 선명하게 보였습니다. 신발은 밤색 계열의 샌들이었는데, 이 세상에서는 본 적이 없는 샌들이었습니다.

꽃봉오리 안에 사람의 얼굴을 가진 꽃들이 말을 걸어오다

이렇게 예수님의 모습을 뵙고 나서 다시 제가 빨리 움직여서 방문한 곳이 있습니다. 1층천은 아닌 것 같은데, 이 땅에서 볼 수 없는 꽃들, 종류와 색깔과 향기가 다양한 꽃들이 만발한 꽃밭을 보았습니다.

이번에는 천국의 꽃들도 아주 선명하고 자세하게 볼 수 있었는데, 한 가지 특별한 사실을 발견했습니다. 대부분의 중요하지 않은 꽃들은 그냥 평범한 잎사귀를 가진 꽃인데, 중요한 꽃들은 꽃봉오리 안에 사람의 작은 얼굴이 들어 있었습니다.

그 얼굴에는 코가 없고 눈과 입만 있었는데도 징그럽게 느껴지지 않고 너무나 아름다워서 그 아름다움에 취할 정도였습니다. 그 얼굴이 제게 말을 할 때는 꽃봉오리가 제 쪽으로 숙여졌습니다.

제가 본 꽃은 너무 아름다웠고, 말할 때 내는 소리도 정말 아름다웠습니다. 꽃들이 하는 말에는 한국어도 있고, 외국어도 있고, 천국의 말도 포함되어 있는데, 하여튼 별의별 종류의 말을 다 하는 것 같았습니다.

천국에서는 제가 공주인데, 그 꽃은 제게 "어서 오십시오, 공주님! 환영합니다."라고 말했습니다. 이 말을 천국의 말 곧 방언으로도 하고, 중국어와 일본어, 독일어로도 번갈아가며 말했습니다.

꽃이 일본어로 말하면 저도 일본어로 대답하고, 천국의 말 곧 방언으로 말하면 저도 방언으로 대답했습니다. 저는 전혀 모르는 언어인데도 거기서는 제가 그런 말들을 할 수 있었습니다. 저는 그 꽃에게 "반갑습니다. 아름답습니다. 사랑합니다. 감사합니다."라고 말했습니다.

아주 작은 요정 천사, 남자와 여자로 구별되는 아기 천사들을 보다

또다시 장면이 빠르게 바뀌어서 요정 천사가 많이 있는 곳을 방문하게 되었습니다. 이전에 천국을 방문했을 때도 요정 천사들을 본 적이 있는데, 이번에는 그들을 정확하게 볼 수 있었습니다.

그들은 다양한 색깔의 옷을 입고 있었습니다. 천국에는 열두 가지 색깔의 무지개가 있는데, 천국에 존재하는 색상들의 종류는 100가지도 넘지만 무지개의 색은 열두 가지 색뿐인데, 열두 가지 무지개 색상의 옷을 입은 요정 천사들이 앞에 서고, 뒤에는 여러 가지로 다양한 색깔의 옷을 입은 요정 천사들이 있었습니다. 요정 천사들이 앞에는 질서정연하게 일렬로 서 있고, 뒤로는 자유자재로 서 있었습니다.

요정 천사들 뒤에는 아기 천사들이 있었습니다. 아기

천사들은 날개를 달고 있었고, 남자와 여자 아기 천사들로 구분되었습니다. 옷을 안 입고 있었는데도, 아기들이 다 너무 아름다웠고, 머리카락은 거의 다 노란색이었습니다.

이 아기 천사들은 크게 동양인과 서양인으로 구분되는 여러 인종의 얼굴을 하고 있었고, 약간 검은 색깔을 띤 아기 천사들도 있었습니다. 남녀 성별은 얼굴과 머리 모양으로 구분되었는데, 여자 아기 천사는 머리가 길고 웨이브가 있었습니다. 그리고 남자 아기 천사는 머리가 짧고 거의 다 곱슬머리를 하고 있었고, 동양인 계열의 아기 천사들은 그냥 생머리 모양을 하고 있었습니다. 천국에서 보통의 성인 천사들은 거의 다 서양인처럼 생겼습니다.

장애인의 처지를 하소연하다가 올라간 천국에서 경험한 주의 위로

그러고 나서 다시 제가 쏜살같이 빨리 날아가서 천국에 있는 어떤 집을 방문하게 되었습니다. 그 집이 2층천에 있는지, 3층천에 있는지 잘 모르는 상태에서 방문하게 되었습니다. 그 집은 아주 거대하거나 작은 집이 아니라 중간쯤 되는 크기의 왕궁이었습니다.

3층천에 간 사람들의 집은 다 궁이고, 궁 하나의 크기가 굉장히 웅장한데, 이 궁은 중간쯤 되는 크기를 갖고 있었습니다. 대충 우리나라의 경복궁 크기 정도만 했던 것 같습니다.

3층천에 있는 궁이라고 볼 때는 작은 궁에 속하는 규모였는데, 실제 모양이 경복궁처럼 생긴 것은 아니고, 에버랜드에 나오는 옛날 공주나 왕자의 궁처럼 그렇게 이쁘게 생겼습니다.

그 궁 밖에 호수가 있었는데, 그 호수 안은 유리바다처럼 투명하게 속이 다 보였습니다. 그 호수 안에서 제가 저의 모습을 봤는데, 지상에서의 부족한 제 모습은 전혀 없고 너무나도 아름다운 제 모습이 거기에 있었습니다.

열네 번째로 천국에 방문하던 그 날 저녁에 저는 하나님께 장애인인 저의 처지를 하소연하는 기도를 하고 있었습니다. "하나님, 나는 왜 장애를 갖고 있나요? 사람들에게 더 온전하게 말하고 싶은데 그러지를 못해요. 왜 나는 이렇게 다른 사람들에게 이상하게 비치는 그런 모습을 갖고 있어야 하나요?" 이런 기도를 하고 있다가 갑자기 천국으로 올라가게 되었습니다.

제가 그렇게 낙망하고 있던 모습을 불쌍히 여기셨던 지 예수님은 그 궁 밖에 있는 유리바다처럼 투명한 호수 안에서 완전히 아름답게 변화된 저의 모습을 보게 해주셨습니다.

5개의 면류관을 쓴 여왕 같은 아름다운 자태의 신부로 보여주시다

거기서 본 저의 머리는 약간 노랗고, 엉덩이에까지 닿을 만큼 길었고 약간 웨이브가 있었습니다. 얼굴은 처음에는 저 스스로가 누구인지를 알아볼 수 없을 만큼 너무도 아름다웠습니다. 눈이 아주 크고, 코와 입이 모두 반듯하고 얼굴의 윤곽 전체가 너무도 이뻤습니다.

제 몸은 지상에서는 약간 통통한데 거기서는 아주 호리호리하고 키도 늘씬하게 컸습니다. 한마디로 화려한 여왕의 자태 그대로였습니다. 옷은 드레스를 입고 있었는데, 예수님이 입으신 것처럼 속에도 드레스가 있고 겉에도 드레스가 있는 그런 이중 드레스였습니다.

속에는 하얀색 드레스를 입었고, 겉에는 진주와 루비 등의 보석들이 따닥따닥 붙어 있고 비단결처럼 부드러운 드레스였습니다. 아주 다양한 색깔의 보석들이 깨알처럼 따닥따닥 붙어 있는 하얀 드레스를 입고 서 있는 제 모습이 너무도 눈부시게 아름다웠습니다.

　머리에는 다섯 개의 면류관을 쓰고 있었습니다. 다 각각 다르게 생긴 다섯 개의 면류관이 조그맣게 꽃봉오리처럼 엮여 있었는데, 그 면류관의 모습 자체가 엄청나게 아름다웠습니다. 면류관들이 일렬로 엮여서 머리끈처럼 머리에 얹혀 있었습니다.

　면류관의 색깔도 다양해서 각 면류관마다 두 가지 색이나 세 가지 색을 가진 것도 있고, 열 가지 색을 가진 면류관도 있었습니다. 면류관은 3층천에 가는 사람들은 최대로 9개까지 받을 수 있는데, 저는 5개의 면류관을 갖고 있었습니다.

　거기서 본 제 모습은 이 땅에서 익숙해 있던 제 모습이 아니었습니다. 제 얼굴의 원형과 흔적은 분명하게 그대로 남아 있기는 했지만, 그 얼굴도 스무 살이나 서른 살 때쯤까지의 가장 아름다웠던 얼굴에서 한층 더 업그레이드되고 성숙해진 얼굴 같았습니다. 예수님을 신랑으로 맞아들이기 위해 신부 단장을 하는 동안 아름답고 거룩하게 변화된 듯한 그런 얼굴이었습니다.

거기에 있던 호수는 표면이 얼음처럼 굳어 있고, 내부에는 물이 있는 그런 특이한 호수였습니다. 표면이 굳어 있어서 그것이 유리처럼 되어 제 모습을 그대로 비춰주고 있었습니다. 그 호수에서 제 모습을 보는 순간 제 목소리가 들려왔습니다. 마치 목소리가 또랑또랑한 멋진 성우가 말하는 것처럼 발음이 정확하고 아주 맑고 깨끗한 목소리였습니다.

천국에 가면 성도의 이름이 바뀌는데, 천국에서 제 이름은 에세라였습니다. 그 에세라라는 이름으로 제가 너무도 아름다운 목소리로 이렇게 말하는 것을 들었습니다. "나 에세라는 예수님을 사랑합니다. 나 에세라는 엄청 기쁩니다. 나 에세라는 엄청 감사합니다."

이 말이 계속 메아리처럼 울리며 들려오는 동안 제가 그 궁 안으로 들어가려고 하자 갑자기 다시 지상으로 돌아오게 되었습니다. 저는 여전히 교회의 강단에 앉아 기도하고 있는 모습 그대로였습니다.

4장   3층천을 보여주신 후 예수님이 전하신 경고와 권면

천국의 3층천을 둘러보고 난 후에 예수님이 제게 주신 말씀이 있었습니다.

첫째, "너는 변질되지 마라. 물질, 명예 때문에 변질되지 마라." 이 말씀을 저에게 세 번이나 하셨습니다.

둘째, 저에게 각 성도가 받는 별(상급)과 면류관을 볼 수 있는 눈을 열어주겠다고 하셨으며, 각 성도에게 따라다니는 천사의 수와 크기도 볼 수 있게 해주시겠다고 하셨습니다.

그래서 지금은 성도들을 보면 그들 각자가 예수님을 영접한 직후부터 현재까지의 신앙생활을 통해 얻게 된 별(상급)과 면류관이 몇 개인지 알 수 있었고, 성도들을 직접 대면하지 않은 채 이름만 떠올려도 그들이 얻게 된 별(상급)이 보입니다.

또 성도들 각자를 따라다니는 수호천사의 크기와, 기

도의 향을 나르는 천사나 그 외에 크고 작은 천사가 몇 명 따라다니는지를 볼 수 있게 되었습니다.

셋째, 저에게 사람의 마음과 심령을 볼 수 있는 영안을 열어주시겠다고 말씀하셨습니다(투시의 은사라고 할 수 있겠습니다).

넷째, WCC에 가입한 목사들을 단호하게 다루고 처벌하겠다고 말씀하셨습니다.

다섯째, 저에게 거짓 사역자를 알아볼 수 있는 눈을 열어주시겠다고 하셨습니다. 제가 예수님을 만나면, 만날 때마다 예수님은 먼저 "내가 너를 사랑한다. 너는 선한 종이다."라고 말씀하셨습니다.

현재까지 받은 상급이 오르거나 유지되지 못하고 떨어지는 경우가 많다

많은 주의 종들과 성도들이 상급을 순차적으로 한 단계씩 올려야 하는데, 실제로 현재의 단계도 지키지 못하고 상급이 한 단계 두 단계 떨어지고 있는 안타까운 현실입니다. 그 이유는 신앙생활이 나태하거나, 말씀과 기도로 죄를 이겨야 하는데 이기지 못하고 죄의 유혹에 넘어가기 때문입니다.

예수님께서 "세상에서는 너희가 환난을 당하나 담대하라. 내가 세상을 이기었노라"(요 16:33)라고 말씀하셨습니다. 죄지은 것을 회개하면 세상에서는 용서가 되지만, 천국에서는 상급이 떨어진다는 것을 모르는 성도들이 많습니다. 그래서 요셉처럼 죄의 유혹을 철저히 피하고, 죄를 미워하고 죄짓지 않도록 몸부림치며 죄와 싸워 이겨야 하는 것입니다.

성도가 별(상급) 2개의 상급을 쌓고 오늘 하늘나라로 가면 천국에서는 별 두 개의 위치에서 영원히 변동 없이 삽니다. 그래서 별을 쌓는 것도 중요하지만, 잘 지켜나가는 것도 아주 중요합니다.

주의 종들의 상급도 떨어지고 또 떨어져서 2층천 마지막 단계의 클로버 한 개까지로 떨어질 수 있습니다. 그러나 주의 종들은 상급이 떨어져도 1층천으로 가지는 않고, 바로 지옥으로 떨어집니다.

중요한 것은 상급이 올라갔을 때 잘 지켜야 한다는 것입니다. 천국의 등급은 이 땅에서 하나님께 드린 충성과 헌신에 따른 상급으로 결정되기 때문에 천국에 가면 우리는 그 상급에 따라 주어진 위치에서 영원히 살게 됩니다. 다시 말하면, 상급에 따라 1층천이나, 2층천, 3층천으로 영원한 거주지가 결정되는 것입니다.

"내가 속히 오리니 네가 가진 것을 굳게 잡아 아무도
네 면류관을 빼앗지 못하게 하라"(계 3:11).

사람들이 아닌 하나님의 편에 서서 목회하는
목자들이 적다

끝으로 조심스럽지만, 주의 종들에게 아래와 같은 권
면의 말씀을 전해드리고자 합니다. 특별히 개척교회를
5년 이상 오래 섬기는 목사님들에게 권면 드립니다. 누
구나 그렇듯이 개척교회 목회자가 숫자를 보고 사역하
면 힘이 듭니다. 우리 주님은 교인들의 숫자를 보지 않
으십니다. 스스로 사명 받은 것을 중요하게 생각하시
고, 예배드릴 때는 예배자로서 중심으로 드리시길 바랍
니다.

개척교회를 한다고 해서 하나님께서 개척교회 목사를
다르게 보시는 건 절대로 아닙니다. 대부분의 큰 교회
목사님들도 교회를 물려받은 목사님들 빼고는 처음에는
개척교회 목사였습니다. 큰 교회 목사든 개척교회 목사

든 하나님은 다 똑같이 보십니다.

하나님은 개척교회 목사들에게도 일정한 권위를 세워 놓으셨습니다. 그런데 사람들이 그렇게 안 보는 것이 문제입니다. 큰 교회 목사든 작은 교회 목사든 똑같이 다 하나님께서 보시기에 합당한 권위를 세워 놓으셨는데, 사람들은 외모만 보려 한다는 게 문제입니다.

대부분의 성도들은 개척교회 목사들이 매번 "잘한다, 잘한다." 칭찬해주기를 기대하고 원하는 것 같습니다. 그러나 목사가 성도들에게 항상 칭찬만 해주기는 어렵습니다. 그런데 성도가 잘못을 했는데도 목사가 칭찬만 해준다면, 그건 성도에게 독약을 먹이는 것과 같습니다.

성도가 교회를 떠날까 봐 두려워서 성도들의 비위를 맞추며 타협하는 목사들이 많습니다. 성도들에게 올바른 소리를 하지 못하는 것은 목사로서의 권위를 내려놓는 일이고, 성도들에게 독약을 먹이는 것과 같습니다.

하나님은 한 명을 놓고 목회하는 것이나, 열 명, 백 명, 만 명을 놓고 목회하는 것이나, 목회자에게 필요한 권위는 똑같이 세워 놓으셨습니다. 사람들이 다르게 보는 것일 뿐입니다. 목회자들은 이것을 잘 아셔야 합니다.

따라서 중요한 것은 내가 하나님 편에 설 것인가 사람

들 편에 설 것인가, 내가 하나님을 기쁘시게 할 것인가 사람을 기쁘게 할 것인가 하는 것입니다. 중요한 순간마다 단호하게 마음을 정하고 나아가야 하나님께서 끝까지 이끌고 가시는 종이 될 수 있습니다.

목사들이 하나님 편에 서야 하나님께서 끝까지 넘어지거나 쓰러지지 않게 이끌고 가십니다. 목사들이 사람들 편에 서게 되면 목회가 중도에 중단되어 버립니다. 목사들에게 재정이 없어서 목회가 중단되나요?

아닙니다. 목사들이 하나님 편에 서지 못하고 사람들 편에 서니까 목회가 중단되는 것입니다. 목사들이 하나님 편에 설 때 하나님께서 그 목회를 하나님 뜻대로 이끌고 가시는 모습들이 목회 현장에서 나타날 수 있는 겁니다.

하나님께서는 목사들을 달아 보십니다. "네가 사람을 사랑하느냐, 나를 사랑하느냐?" 이렇게 계속 물으십니다. 하나님께서 아브라함을 달아 보셨듯이, 목사들을 계속적으로 달아 보십니다. 입술로는 하나님 편에 선다고 하지만, 실제로는 사람들 편에 서는 목사들이 너무 많습니다. 하나님께서는 목사들의 그런 모습을 보실 때 배신감이 든다고 하십니다.

천국 3층천의 비밀

비교의식 버리고 하나님께 죽도록 충성하는 종들의 상급이 크다

전 국민이 다 아는 대형교회 목사들이 하나님 편에 서 있다면, WCC에 가입하지 않았을 겁니다. 가입할 수가 없는 겁니다. 양심에 찔려서 도저히 가입할 수가 없습니다.

WCC에 가입했다는 것은 그분들이 입술로는 하나님을 말하고 하나님을 주장하지만, 그분들의 마음은 하나님 편이 아니라는 겁니다. 그래서 하나님은 그런 이중적인 행동에 배신감을 느낀다고 하시는 겁니다.

목사가 한 명을 놓고 목회를 하든지, 천 명 또는 만 명을 놓고 목회를 하든지, 하나님은 그런 외형적인 규모에는 관심이 없으십니다. 하나님의 관심은 교회가 작든지 크든지 간에 목사들이 하나님의 뜻을 따르느냐, 사람들의 뜻을 따르느냐에 있습니다.

개척교회를 섬기시는 목사들 중에도 훌륭한 분들이 많이 계십니다. 개척교회들은 대부분 WCC에 가입할 수 없습니다. 가입 자격이 안 되니까요. 그런데 오히려 이것이 축복이라고 할 수 있습니다. 그래서 이 시대에는 어떻게 보면 개척교회가 더 나을지도 모르겠습니다.

왜 WCC에 가입합니까? 우리가 믿는 하나님이 잡신입니까? 사람은 속일 수 있어도 하나님을 속일 수는 없습니다.

어떤 목회를 하든지 간에 하나님은 숫자를 보시지 않습니다. 하나님은 큰 교회든 작은 교회든 다 똑같이 보십니다. 성도 한 명을 선하게 이끌고 가는 주의 종을 보고도 하나님은 손을 드십니다. 만 명을 잘 이끌고 가는 선하고 바른 목사에게도 하나님은 손을 드십니다. 목사가 하나님 앞에 제대로 바르게 서 있다면, 하나님은 개척교회나 큰 교회나 다 똑같이 사랑하십니다.

그러나 예수님은 WCC에 가입한 목사들에게 배신감을 느끼시고, 그들을 단호하게 처벌할 것이라고 제게 말씀하셨습니다. 사람과 사람 간의 관계에서도 한 쪽이 배신하면 다른 한쪽은 큰 상처를 받습니다. 하나님께서 느끼는 배신감도 이와 비슷할 거라고 저는 생각합니다.

그리고 저는 WCC에 가입한 목사님들이 행여라도 지옥에 갈까 봐 그분들이 불쌍합니다. 하루속히 그분들이 예수님 앞에 무릎 꿇고 나아와 그들의 죄를 회개함으로써 죄를 다 용서받아 모두 다 천국에 갈 수 있기를 소망하고 기도합니다.

천국 3층천의 비밀

주님은 목마른 자에게 냉수 한 그릇을 대접하는 것을 귀하게 보십니다. 그 섬김으로 주님이 영광 받으십니다. 개척교회 목회자가 긴 세월 동안 비록 성도가 몇 명 안 되더라도 최선을 다해 충성을 다하면 상급은 올라갑니다.

큰 교회와 비교의식을 갖지 마시고, 주님과 약속한 것은 반드시 지키시길 바랍니다. 그러면 별 5-6개도 달 수 있습니다. 작은 교회나 큰 교회나 하나님은 같은 마음으로 보신다는 것을 꼭 기억하시기 바랍니다.

한 가지 더 말씀드립니다. 의학적으로 예수님께서 십자가에 달리셨을 때 그 고통의 강도를 들은 적이 있습니다. 십자가에 달려 있는 동안 주님께서 한 번 숨을 쉴 때마다 그 고통은 의학적으로 상상을 초월하는 고통이었을 거라고 합니다. 무려 여섯 시간 동안 그 엄청난 고통 속에서 십자가에 매달려 계셨습니다. "바로 나의 죄 때문에!" 이 사실을 부디 잊지 마시고 무엇보다 주님 뜻에 순종하고, 죽도록 충성하여 천국에 상급을 많이 쌓으시기를 바랍니다.

천국
3층천의
비밀

부록

천국의 상급과 법도에 대한
총정리 도표

	10단계	**루비**	루비 1~5개 면류관 7~9개	왕관 안에 4개의 작은 면류관이 새겨짐
	9단계			왕관 안에 3개의 작은 면류관이 새겨짐
3 층천	8단계	다이아 몬드	다이아몬드 1~6개 면류관 6개	왕관 안에 2개의 작은 면류관이 새겨짐
	7단계			
	6단계			
	5단계			
	4단계	별	별 6개 면류관 4~5개	왕관 안에 1개의 작은 면류관이 새겨짐
	3단계		별 6개 면류관 4~5개	왕관
	2단계		별 5개 면류관 2~4개	
	1단계		별 3~4개 면류관 1~3개	
2 층천	3단계	별	별 1~2개	왕관없음
	2단계	무궁화	무궁화 1~6개	
	1단계	클로버	클로버 1~6개	
1층천	상급없음			

3층천 상급의 종류 : 루비

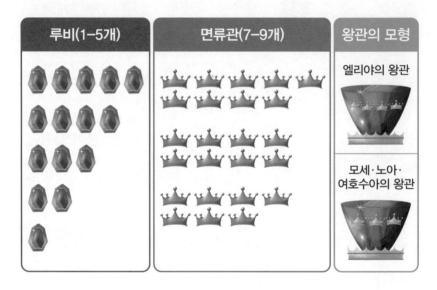

루비(1-5개)	면류관(7-9개)	왕관의 모형
		엘리야의 왕관
		모세·노아·여호수아의 왕관

- 10단계 : 성경 인물 중에 엘리야가 10단계에 속하며 가장 큰 왕궁을 소유함, 왕궁의 크기는 지구만 하다. 천사는 100만 명을 거느리며 면류관은 9개, 그가 쓴 왕관 안에는 4개의 작은 면류관이 새겨져 있다.

- 9단계 : 노아, 모세, 여호수아가 9단계에 속함. 왕궁의 크기는 지구의 약 절반, 천사는 각각 50만 명, 면류관은 7-8개, 왕관 안에는 3개의 작은 면류관이 새겨짐.

- 9-10단계에 속한 왕관은 각각 하나지만 다이아몬드 계열에 있는 왕관보다 그 빛이 더 강렬하고 더 큰 위엄이 있다.

3층천　상급의 종류 : 다이아몬드

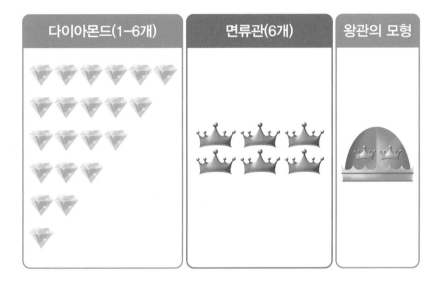

다이아몬드(1-6개)	면류관(6개)	왕관의 모형

- 8단계 : 왕궁의 크기는 미국 영토의 약 5배, 왕권을 행사하며 12만 명의 천사들을 거느림 (아브라함)
- 7단계 : 왕궁의 크기는 미국 영토의 약 4배, 왕권을 행사하며 다스림
- 6단계 : 왕궁의 크기는 미국 영토의 약 3배, 왕권을 행사하며 다스림
- 5단계 : 왕궁의 크기는 미국 영토의 약 1배-2배, 왕권을 행사하며 다스림
- 3층천에서도 다이아몬드 지역(5-8단계)은 믿음의 거부들이 들어가는 곳이다.

3층천 상급의 종류 : 별

별(3-6개)	면류관(1-5개)	왕관의 모형

- 4단계 : 별 6개, 면류관 4개－5개, 순교한 성도들이 왕권을 받아 다스림, 왕관 안에 작은 면류관이 1개 새겨짐. 왕궁의 크기는 호주만 하다.

- 3단계 : 별 6개, 면류관 4개－5개, 순교적인 신앙으로 믿음을 지킨 성도들이 왕권을 받아 다스림. 왕궁의 크기는 한반도만 하다.

- 2단계 : 별 5개, 면류관 2개－4개를 받은 성도들이 왕권을 받아 다스림, 왕궁의 크기는 제주도만 하다.

- 1단계 : 별 3개-4개, 면류관 1개-3개를 받은 성도들이 왕권을 받아 다스림, 왕궁의 크기는 여의도나 영종도만 하다.

- 3층천에는 하나님께서 허락하신 권한 가운데 왕권을 행사하는 왕들이 살기 때문에 예배가 없다.

- 3층천에 사는 왕들은 2층천과 1층천에 사는 성도들과 천사들을 다스리며, 2층천과 1층천을 왕래할 수 있는 권한이 있다.

- 3층천에서 1-3단계는 순교자는 아니기에 왕관 안에 작은 면류관이 새겨져 있지 않고 왕관만 있다.

지혜 있는 자는 궁창의 빛과 같이 빛날
것이요 많은 사람을 옳은 데로 돌아오게
한 자는 별과 같이 영원토록 비취리라.

단 12:3

2층천

상급의 종류 : 별,무궁화, 클로버

별(1-2개)	무궁화(1-6개)	클로버(1-6개)

- 2층천에는 백성이 거주하기 때문에 거주자들의 집은 궁이 아닌 보통 집이다. 집 평수의 크기는 지상의 평수로 50-2,000평 정도 된다.

- 클로버 1-6개까지의 상급을 받은 자들은 50-100평 집에서 산다. 무궁화 1-6개까지의 상급을 받은 자들은 150-900평 집에서 살며, 별 1개-2개를 상급으로 받은 자들은 1,000-2,000평 집에서 산다.

- 2층천도 천사가 있으나 부릴 수 없고 친구처럼 같이 지낸다.

- 2층천의 일반 백성 성도는 3층천에 사는 왕들을 위해 궁을 짓는 데 천사와 함께 올라가서 일을 한다. 궁을 짓는 일을 기쁨과 행복이 넘쳐나는 마음으로 수행한다.

- 2층천 성도는 예배를 드리는데, 각자가 자유스러운 방식 으로 하나님께 예배를 올려드린다.

- 2층천 성도에게는 면류관이 없다. 2층천은 1층천과 2층 천, 3층천 중에서 가장 많은 성도들이 사는 천국이다.

- 1층천보다 2층천에서 더 아름답고 은은한 배경 음악이 중음 으로 들리며, 3층천에서는 가장 아름답고도 은은하고 환 상적인 중음이 들린다.

네가 죽도록 충성하라
그리하면 내가 생명의 면류관을 네게 주리라.

계 2:10

1층천

- 죽기 직전에 회개하고 예수님을 영접함으로 구원받은 성도가 가는 천국이다.

- 1층천에 가는 성도는 쌓아놓은 상급이 없기 때문에 각 성도에게는 집이나 그 어떤 공간도 주어지지 않는다.

- 1층천에 사는 성도는 생명나무 과일을 따 먹고 생명수를 마시며 꽃과 나무가 있는 들판에서 동물들과 함께 3-4세의 어린아이 같은 마음으로 뛰놀며 산다.

- 1층천에는 예배가 없고 천사도 없다.

모든 영광 하나님께!
모든 감사 하나님께!

천국 3층천의 비밀

초판 인쇄 2021년 1월 27일
초판 발행 2021년 2월 2일

지 은 이 : 서숙희
발 행 인 : 최성열
펴 낸 곳 : 하늘빛출판사
출판등록 : 제251-2011-38호
주   소 : 충북 진천군 진천읍 중앙동로 16
연 락 처 : 010-2284-3007, 010-9014-3007
이 메 일 : csr1173@hanmail.net
ISBN : 979-11-87175-24-7 (03230)

가격 : 10000원